装备科技译著出版基金

写给管理者与投资者的知识产权

知识产权

——针对创新型企业的知识产权评估、保护与利用指南

斯蒂文·J·弗兰克　著

仇蕾安　编译

国防工业出版社

·北京·

著作权合同登记　图字:军-2015-272号

图书在版编目(CIP)数据

写给管理者与投资者的知识产权:针对创新型企业的知识产权评估、保护与利用指南/(英)斯蒂文·J·弗兰克(Steven J. Frank)著;仇蕾安编译. —北京:国防工业出版社,2019.12

ISBN 978-7-118-10997-9

Ⅰ.①写… Ⅱ.①斯… ②仇… Ⅲ.①企业—知识产权—管理 Ⅳ.①D913.04

中国版本图书馆 CIP 数据核字(2019)第 155861 号

※

国防工业出版社出版发行

(北京市海淀区紫竹院南路23号　邮政编码100048)
国防工业出版社印刷厂印刷
新华书店经售

*

开本710×1000　1/16　印张10¼　字数164千字
2019年12月第1版第1次印刷　印数1—2000册　定价88.00元

(本书如有印装错误,我社负责调换)

国防书店:(010)88540777　　发行邮购:(010)88540776
发行传真:(010)88540755　　发行业务:(010)88540717

数月之前,蕾安就请我为她的译著《写给管理者与投资者的知识产权——针对创新型企业的知识产权评估、保护与利用指南》作序,眼见得该书付梓在即,聊作数语,权当引玉。

本书的作者斯蒂文 J·弗兰克是一位资深律师,精于知识产权以及涉及知识产权的商业交易,并多有著述。在作者看来,当今世界是一个根据知识产权组合来决定财富实力的世界,许多人在步入这个神秘而陌生的世界前仍存在诸多疑虑。对于商业管理者和投资者来讲,规则与思想并不能轻易地融合为战略性的视野。知识产权不仅是从事经济活动的主体的支出,而且更是他们的财富。要想在激烈的市场竞争中胜出而不是被淘汰,则必须对知识产权进行深入的理解,并将其转化为武器、盾牌,转化为可货币化的资产。该书为商业管理者配备了创造和利用知识产权财富至关重要的实际应用知识,并向投资者展示了该怎样评估知识产权的实力和竞争价值,目的是使管理者了解基本的知识产权概念、知识产权收购与利用的现有战略,以及怎样有意义地评估知识产权的价值。

读者应该更深地理解到知识产权不仅是产权的一部分,而且是非常重要的组成部分。对待知识产权的态度,从根本上讲就是对待产权的态度。

毋庸置疑,尊重产权既是市场经济的基石,也是市场经济的逻辑。产权是实际财富的法律化,具有十分鲜明的人格意义。在市场经济条件下,尊重产权也就意味着尊重他人人格,或者说尊重他人支配其财产的意愿。尊重产权是人类公平正义的价值要求,处于自然法价值链最高端的准则,正是从这种意义上说,财务自由成为个人自由的前提;私有产权是人的各种基本权利(包括言论自由的权利)中最重要的一种权利。为了人的价值实现,社会的构建必须是从合理的产权制度出发,并以它的实现作为归宿。

没有产权的社会是一个效率绝对低下、资源配置绝对无效的社会。

　　清晰的产权可以很好的解决外部的不经济。按照科斯教授提出的理论，在协议成本较小的情况下，无论最初的权利如何界定，均可以通过市场交易来获得资源的最佳配置，因此，在解决外部侵害问题时应当采用市场交易的形式来解决。一切经济交往活动的前提是制度安排，这种制度实质上是一种人们之间行使一定行为的权力。因此，最重要的任务是界定产权，明确主体可以做什么，不可以做什么，然后通过权利的交易达到社会总产品的最大化。由此可见，完善产权制度，对经济的协调与发展具有重要意义。在产权界区清晰的条件下，运用价格机制去实现市场主体之间联系的摩擦就小，交易成本就低；反之，交易成本就高。正是在这个意义上，交易成本范畴成为现代产权理论的一个基本范畴。

　　将交易成本概念进一步拓展为社会成本范畴，而社会成本范畴研究的核心又在于外在性问题：恰恰在外在性问题上，产权界区含混所造成的混乱和对资源配置有效性的损害表现得最为充分。通俗地说，外在性是指经济当事人之间在利益关系上存在这样的情况，一方对另一方或其他诸方的利益造成的损害或者提供的便利都不能通过市场加以确定，也难以通过市场价格进行补偿或支付。

　　只要交易界区清晰，交易成本就不存在，如果交易成本为零，那么传统微观经济学和标准福利经济学所描述的市场机制就是充分有效的，经济当事人相互间的纠纷便可以通过一般的市场交易得到有效解决，外在性也就从根本上得到解决了。这里隐含着这样一个思想：只要产权界区不清，交易成本不为零，市场机制就会由于外在性的存在而失灵。所以，经济学的任务首先是分析产权，资源配置的有效性取决于产权界区的清晰度。产权是效率（生产力发展）的决定因素，只要有一个清晰界定的产权，就能解决社会的激励问题，抹平社会成本与私人成本之间的差异。产权交易是一个和蔼的过程，无论产权的初始界定如何，只要允许交易，总能实现资源的优化配置，初始分配中的不公平也就公平了。什么是最有效的产权形式，他已经一劳永逸的得到了解决，这就是私有产权，此后社会的任务不是去寻找新的产权形式，而只要用法律保护这种产权制度的清晰度就可以了。一项产权是否有效率，主要应由交易的难易程度决定，如果一种产权形式能够使交易成本降低，那么这种产权形式就是有效率的，而最清晰的产权形式就是交易费用最小的产权形式。

　　从长远的观点去看，人类社会的进步都来自创新。市场经济是创新经济，而不是循环经济。我们今天消费的商品与历史上的之所以不一样，这完全是要拜科技创新所赐。现代社会需要有创新思维和创新精神,而产权的确定恰恰为创新提供了坚实的法律基础和内心驱动。

以上所谈到的这些有关产权的看法,都是属于自己的借题发挥。其实,我的想法非常简单,就是想让读者阅读本书之前,对包括知识产权在内的产权有一个基本了解。其实蕾安在她的译著中对这些问题都已做了系统的阐述和分析。作为师长,我对蕾安的翻译研究秉持赞赏和肯定的态度。尽管本书尚属通俗而实用之作,但是,这并不妨碍它成为这一领域的启蒙之著。希望读者能够在阅读本书的过程中其实有所体会和领悟。斯为愚见,是以为序。

2019 年 7 月

前言

随着中国经济从普通制造向高端创造转型进程的加快,以及当前国际形势的明显变化,政府和民众越来越体会到,知识产权保护不仅是个法律问题,还是国家利益和经济腾飞的捍卫者。社会对知识产权的重视程度达到了历史新高度。

但是,即使拥有知识产权,也不等于自动拥有市场收益和综合实力。在这中间,横亘着重重障碍。一个最大的障碍,就是企业界对知识产权的认识误区。很多公司(包括一些创新型公司)还简单地把获取知识产权看成是专利或商标申请成功的行为,成为"挂在墙上的荣誉",很少有公司把知识产权视为具有商业功能的战略性资产去用心经营和储备。另外,知识产权也远未与企业创新能力建设紧密结合起来,"两层皮"的状态在中国的企业中十分普遍。

而要突破这个障碍,中国各界(尤其是管理者、投资者)亟需重新认识、深入理解知识产权的内涵及其对公司发展、投资绩效的重要意义和作用方式,学会运用紧跟其商业目标的实用型知识产权工具。

关于知识产权,技术人员拥有保护的内容,专利律师了解保护的规则,但对于商业管理者和投资者,规则与思想并不能轻易地融合为战略性的视野,或变成有用的商业利益。本书的目的是使管理者了解基本的 IP 概念,其中包括专利、版权商标等一系列知识产权类型的介绍,通过对比专利、版权和商业秘密之间的差异性,制定相关 IP 战略规则,在此基础上,对内如何在公司执行层面上落实 IP 管理的标准化流程,对外如何应对各类 IP 纠纷,进而不断优化公司的 IP 质量和竞争能力,最终使其成为市场上可交易的公司无形资产。简而言之,IP 是本书的骨架,与商业相关的内容则是本书的肉。一个运行良好的公司,骨架与肉是不可分割的。

值得注意的是,在当今世界,要想在市场中竞争并获胜,就需要对 IP 进行深入理解,进而将 IP 作为武器、盾牌和可货币化的资产。

本书为商业管理者配备了创造和利用 IP 财富至关重要的实际应用知识，并向投资者显示了怎样评估 IP 的实力和竞争价值。本书从创新型企业管理者、投资者的实际需求出发，通俗而深入地介绍了知识产权的涵盖范围、知识产权的价值评估、保护和利用方式，可以让读者重新认识知识产权、学会应用知识产权战略——将知识产权转化为可支撑公司发展、投资绩效的战略武器、盾牌和可货币化的资产，从而增强公司收益和实力。

在目前中美贸易战正酣之时，希望本书的出版，能让管理者、投资者获得通过知识产权战略看到技术创新的商业化可能性，在社会上形成保护、鼓励知识产权的良好氛围，让基于创新的知识产权战略早日成为促进国家经济转型和社会发展的重要引擎。

感谢国防知识产权局的立项支持，感谢装备科技译著出版基金的支持；感谢翻译过程中郑鹏、陈廷莹、任俊媛、代丽、高会允、李海风等同事，朋友的帮助，以及国防工业出版社的耐心等待和不断督促，当然还有我的父母家人的支持和理解！

谨以此书献给自己刚刚出生的二胎宝宝。新生命的诞生，带来了新的希望。相信这份收获和喜悦，也预示着中国的知识产权事业的发展已迈入了一个快速发展的新阶段。

仇蕾安
2019 年 1 月于伊斯兰堡

目录

第1章
知识产权格局

什么是知识产权？

你脑子里的东西就是我们常说的智慧,通常理解为头脑、情绪、想象力、创造力和解决问题的能力。知识产权(Intellectual Property,IP)就是为智慧的实物结晶——著作、艺术品、音乐、发明——设立权利。知识产权是法律建立的所有权壁垒,被自动授予,或由政府机关以及法令授予。知识产权是无形的,但它和银行账户或者公民身份一样真实。然而,知识产权是法律的产物,只有部分受青睐的智慧表达才能够得到保护,并允许知识产权所有人阻止他人不经授权使用。除此之外的其他任何东西都是不能被保护的,属于公众。

绝大多数的创造性工作都能够在一定的知识产权制度下得到保护。知识产权的传统保护范畴,以及我们最为关心的范畴可总结如下:

(1)专利:保护绝大多数的技术,例如,实用的物品和机械设备、工艺流程和物质的组成,以及装饰性的设计与植物①;

(2)商标:保护那些用于区分商品与服务的字样、名字、符号标志、声音或者颜色;

(3)版权:保护著述作品,例如,已经有形地表现出来的著作、音乐、艺术品,以及计算机软件;

(4)商业秘密:公司为了获得竞争优势而保密的信息,例如,配方和制造技术。

需要指出的是,我们需要将知识产权与因合同、习俗以及其他法律所产生的义务区分开来。例如,一个雇员在其工作过程中创造出来的任何东西,可能

---

① 《中华人民共和国专利法》明确规定,植物新品种不能被授予专利权;但是,对植物品种的生产方法,可以被授予专利权。植物新品种可以通过《植物新品种保护条例》给予保护。——译者注

都要属于他的雇佣者。他创造出来的某些东西可能会以知识产权的形式体现或者是可被知识产权制度保护的，但是义务本身源自雇佣关系并处于知识产权法律范畴之外。那么同样，就需要将知识产权权利与其开发利用的成果区分开来。假设一家电池制造商得到了一个可制造长寿命电池的专利。一个顾客购买了该制造商生产的一块电池，那么该制造商的知识产权权利会随着这次售卖而终止吗？或者这个制造商可以根据顾客怎么样使用这块电池而向顾客收取额外的费用吗？一般而言，这个问题的答案是：在商品被第一次出售之后，其知识产权权利就终止了，即权利用尽（权利穷竭）原则①。知识产权不会像狗皮膏药一样附着于一件物品，经其一生及各种旅程。

我们总是从细节方面来关注专利、版权和商业秘密，因为这些是知识产权体系中科技公司最直接的利益所在。由于工业化国家的法律越来越倾向于趋同而不是相反，因此本书将尽量避免就某一国家或地区的法律细节进行关注，只讨论一般原则。只有当具体的国家或地区之间有着显著区别或者存在某些特例时，我们才列举美国、欧洲和日本的法律。

专利

专利是一种政府授予的权利，以阻止其他人实施专利文件中权利要求所记录的技术方案。它不是一种垄断，它并没有授权去做任何事情——只是阻止别人而已。例如，假设你生活在早期年代，并且你的父亲是第一个发明汽车的人，他拥有很多专利，其中包括变速器的专利。你很感谢这种新的交通方式，但是慢慢地开始对需要不停操作变速杆和离合器感到厌烦，于是，你发明了自动变速器并获得了专利。是的，你可以很不孝、很无赖地阻止你父亲生产自动变速器，但是你的专利也没有给你自己生产自动变速器的权利：如果你父亲关于变速器的基础专利的保护范围广泛到足以覆盖自动变速器！没错，一项专利可以覆盖后来发展出的、在专利申请时还未知的技术——他的专利"支配"你的专利。如果没有对方的许可，你们两个人都不能生产自动变速器。

需要注意的是行为，而不是专利本身，这就是这个例子展现给大家的问题：专利本身并不会侵犯别的专利。如果没有人生产自动变速器，那么这两个专利

---

① 所谓权利穷竭（exhaustion of rights），也称权利用尽原则、首次销售原则，是对知识产权专有权利限制的一种典型制度，是指知识产权所有人或经其授权的人制造的知识产权产品，在第一次投放到市场后，权利人即丧失了在一定地域范围内对它的进一步的控制权，权利人的权利即被认为用尽、穷竭了。凡是合法地取得该知识产权产品的人，均可以对该知识产品自由处分。其制度宗旨是在保护专利权人合法利益的前提下，维护正常的市场交易秩序，保护经营者和一般消费者的合法利益。

可以很好地共存。只有某种行为,即制造、使用或者销售①,才会构成侵权②,这些行为是否在对其他人的专利不知情的情况下被实施,无关紧要。独立研发不能作为专利侵权行为的抗辩理由。这是专利与其他形式的知识产权的一个重要区别。

只有当专利被授权以后,可执行的权利才会产生。因国家和技术领域的不同,专利权的授予通常在专利申请提交后的一年半到三年里发生。在专利申请阶段,竞争者可以自由地使用该技术,因为专利权利尚不存在;申请人最多能做的是声明"专利正在申请中",以希望震慑那些潜在的、从别人那里进行偷窃的模仿者。同时,专利局在专利审查时会与申请者通信沟通,也会延长专利的审核时间。尽管会有这么一段无法避免的延迟期,并且这个延迟期长短不一,但是专利的保护期限都是从递交该专利申请的申请日开始计算的。通常专利的保护期限是从申请日起之后的 20 年,因此,专利所有人一般有 16 ~ 18 年的专利独占权。

申请资格

专利申请必须满足一定的申请资格:

(1)发明的主题必须落入法定范畴之内;

(2)申请之前的行为没有给专利授予造成法律障碍。

虽然专利法趋向于列举出可被保护主题的具体范围,但事实上,专利法包含所有的技术③。然而有时候,在这片专利海洋中仍有一些岛屿是禁区。例如,欧洲在如下领域的专利授予时趋向于采取一种比美国更为严格的态度:动植物的生命形态与它们的生产方法④,以及人类或者动物在外科、治疗和诊断方面的处理方法。虽然医学类主题事项可以在美国被授予专利,但是专利不能阻止开展"医疗活动"的"医疗实践者"。换句话说,虽然医药产品和医疗器械是专利

---

① 根据《中华人民共和国专利法》第十一条,以生产经营为目的,制造、使用、许诺销售、销售、进口其专利产品,或者使用其专利方法以及使用、许诺销售、销售、进口依照该专利方法直接获得的产品构成侵权。——译者注

② 当然,专利局可能犯错误并授权两个重叠的专利。在这种情况下,共存是不可能的,并且此事必须被改正。在大多数国家(包括中国),这很容易:关于专利范围之内的所有主题事项,第一个提交申请的获胜。但是,美国采用的是"先发明"的专利授予方式,因此美国法庭或专利局必须判断谁是第一个发明者。

③ 在美国,"太阳之下任何人造的东西"都可以被授予专利。日本法律第二条(1)款将可专利的主题定义为"利用自然法则对技术主意的高度先进的创造"。

④ 在中国,对动物和植物品种的生产方法可以授予专利权,但这里所说的生产方法是指非生物学的方法,不包括生产动物和植物的生物学方法。——译者注

保护的范畴,但是它们的使用不能被限制①。

另外,这片专利的海洋并不是漫无边际的。在大多数国家,发明必须具有技术特征才能获得专利保护的资格。美国曾经是对计算机实施的发明和"商业手段"最为宽容的国家,而最近美国已经变成最为严格的国家之一;在最近的法律下,专利申请人必须提供的不能仅是基于一般的计算机或互联网的某一个"抽象主意"的实施方案,但是如果从解决问题的层面上考虑,几乎任何发明都是抽象的,这样,与计算机相关的很大范围内的主题都不可避免地不能达到申请资格的标准。此规则对于疾病诊断、"个性化医药"和基于基因的发明更加严格。

专利法还将申请资格限定为真正"新"的主题。虽然这看起来是非常显而易见的,但法律是从大众的角度,而不是从发明人的角度,来考虑这个"新"的意思。于是,发明人自己对相关发明的兜售或者寻求关注都可能会阻碍其获得专利保护的能力。专利体系是被设计得像保护公众一样来保护创新。如果公众知道了你的发明,而你还没有寻求专利保护,那么人们就有权认为你不打算寻求专利保护。不同国家对于专利申请延迟的接受程度是不同的。事实上,大多数国家基本上不接受任何延迟。除美国以外,任何在提交专利申请之前的销售、公开使用或者信息披露都是致命的!如果你在第一次销售或者公开泄露你的发明之前没有提交专利申请,之后再提交申请就为时已晚,你的申请会被驳回,即便你的专利申请已被授予专利权,也有被推翻的可能。很显然,这条死板的规定对不警惕的人而言很可能就是一个危险的陷阱。

美国则要宽容一些,其允许申请人在第一次公开披露或者许诺销售之后有一整年的时间去提交专利申请。请注意一个很重要的区别,这一年的时间是从发明被拿出来销售的那一刻开始计算,只要那时该发明已经达到"可以被授予专利权"的条件②,在这里,"许可"的情形不包括在内。发明人可以提出对其发明进行许可,而不丧失其申请专利的权利;但是,如果发明人(或者其许可持有人)将发明本身公之于众或者进行了商业开发,那么他就必须在一年之内提交专利申请。

---

① 在中国,疾病的诊断和治疗方法不能被授予专利权,其中,疾病的诊断和治疗方法是指以有生命的人体或动物体为直接实施对象,进行识别、确定或消除病因或病灶的过程。但是,用于实施疾病诊断和治疗方法的仪器或装置,以及在疾病诊断和治疗方法中使用的物质或材料属于可被授予专利权的客体。——译者注

② 中国对于满足下列三种情形的发明创造给予了6个月的宽限期:①在中国政府主办或承认的国际展览会上首次展出;②在规定的学术会议或者技术会议上首次发表的;③他人未经申请人同意而泄露其内容的。——译者注

事实上,美国的一年时间期限和在要求"严格新颖性"国家的零期限很容易被触碰到。例如,"公开"披露根本不需要涉及公众,即使只是和一个懂技术且能传播该技术的人进行了非保密讨论,就可以构成公开披露或使用。我们可以通过避免专利申请之前的销售活动或签署适当的保密协议,来回避这个陷阱,下面列举一些典型的、可能造成专利申请失败的披露或销售的情形。

(1)测试协议。公司一般认为,在商业销售之前允许试用(测试)他们的技术,不属于技术公开。事实上,测试协议很可能因为以下情况而被披露:①创造者接受了补偿;②此测试协议太容易对后续的销售产生影响;③测试协议没有要求保密。美国规定了一个"实验使用"的例外,即指专利所涵盖的技术如果被他人实验,则即便没有明确要求保密,也不会因假定公共使用而影响专利的授权,但这个例外是有限制的。如果测试场所提供测试结果给创造者并且在评估期限之后返还所有的材料,实验使用即可被认定。但是,"实验使用"会因不合时宜的销售而丧失专利授权。

(2)"黑箱"使用。如果一个公司在一个贸易展览会上展出了其还在开发中的下一代产品,情况会怎么样呢? 即使没有什么被拿出来销售,专利权利也会受到侵害吗? 或许不会,这取决于被展出的是什么。如果该发明的操作并没有被泄露,例如,观众只能看到该产品的性能而看不到它是如何实现这些性能的话,那么该发明的工作方式仍是可保护的。对将来专利权利的损害仅限于实际展出的是什么。但是,如果产品的操作机制可以从结果中推断出来,即使是"黑箱"式的展示,也可能破坏专利权利。此外,有时候认识到一个问题本身就具有可专利性的特点。至少,一个发明人如果公开展示问题的解决方案,则其将被禁止对解决该问题的概念获得专利,不过其仍可能就该解决方案的细节获得专利。

(3)对可能的投资者的展示。少有专业投资人会签署保密协议(至少在提出投资条款之前)。对风险投资者的"宣传推介"会议是公开披露吗? 可能是也可能不是,这取决于当时的具体情况,但是风险主要在于宣传推介人,所以最好先提交专利申请。

除了具有可专利性的主体资质,并且满足尚未被披露过的要求以外,一个发明当然必须在技术层面上是新的。但是,它也必须是具有"创造性的",以配得上予以专利的授权。和现有技术相比,一项发明一定是有不同点的,而且这个不同点是以某种有创造性的方式产生的。例如,不同点反映的不能只是一个平淡无奇的设计选择(如用铆钉代替螺丝)或者只是一个微小的改动(如把一个pH值从7.1换成7.2)。换句话说,一个可专利的创新必须是有意义的,它不一

5

定要很深刻,但是需要超出常规的改变或者替换。

被保护的权利

一个专利拥有者有权利去阻止他人制造、使用、销售、许诺销售或者进口侵犯其专利的主题事项。这会导致如下三个问题。

(1)什么是侵权?一个专利的文字条款是非常具体的,这样公众才能确切知道什么在其保护范围之内,什么不在。任何落在其保护范围之内的行为,就是侵权;不在其保护范围之内的,就没有侵权……好吧,它可能没有侵权,但也可能侵权了。在很多国家,包括美国、日本和在欧洲,"等价原则"将专利的保护范围延伸到了专利的文字条款之外,以覆盖到专利没有明确表述的主题。这个等价原则被适用得比较保守,否则专利的权利要求就失去意义;只在有人通过略微偏离专利条款而明确获得利益的情况下,法庭才会诉诸这个原则。常常,只有很明显的不公平竞争(例如,曲解较为晦涩的专利语言或者对原专利的偏离非常微小)才会激起"等价原则"。

侵权可以是直接的(就专利权利要求所说的内容而言),或者是间接的。一个间接的侵权者要么"诱使"他人侵权(例如,通过提供操作指导并且鼓励侵权行为),要么作为一个"连带责任的"侵权者,通过提供一些促成性的元件为侵权提供便利。但是那个元件必须是实现专利技术的一部分,且不具备除了侵犯专利权之外的其他用途,例如,一台处于专利保护期的机器,或者一个受专利保护的设备的关键元素。间接侵权者面临和直接侵权者一样的法律制裁,但事实上只有在现存一个直接侵权者的情况下才发生,换句话说,如果没有直接侵权,间接侵权本身不足以触发法律责任。

(2)法律救济是什么?一般来说,专利拥有者可以因为之前的侵权行为得到货币补偿,以一道禁令(法庭停止侵权的命令)阻止今后的侵权行为。货币补偿可能基于专利拥有者损失的收益或者法庭对专利许可使用费的合理的估计①。

虽然在补偿价格合适的情况下,专利拥有者一般都会允许继续侵权,但是他并不一定需要这么做。这个决定或许从经济利益的角度看来很愚笨,但是专

----

① 合理的专利许可使用费是最低限度。往往专利拥有者索求其损失的收益,其可能大幅超过合理的许可使用费。但是判定损失的收益仅仅基于实际损失的收益,而不是专利拥有者原本希望的收益。要得到损失的收益的索赔,专利拥有者必须证明,在侵权性销售期间市场上对被专利覆盖的产品存在需求,而且没有可接受的非侵权性替代品,并且专利拥有者有能力满足对专利覆盖的产品的需求。专利拥有者还必须提供其本可能获得的收益金额的详细计算(如果它实现了侵权者的销售的话)。

利拥有者有权阻止任何人去生产其发明。只有在特定的情况下,他才会被迫去宽容那些他不愿给予其知识产权权利的人去使用,只能得到合理的补偿。在美国,政府对于发明的开发有资金支持,或者为了公共利益的目的就可能造成专利的强制许可。一些国家,例如中国和日本,还增加了一个"实施"要求,意思是:如果专利拥有者没有在专利授权后一定期限内(一般是三年)对发明进行商业开发利用,那么其他人就可以向政府申请许可来进行商业开发利用。

(3)专利在哪里有效? 只在发布专利的国家境内。假设你有一个美国专利,涉及一个革新性的马桶阀。那意味着你可以阻止任何和美国有直接关联的侵权行为。在美国境内的制造均被专利覆盖,即使这些马桶阀是要被卖到国外的。同样,进口外国制造的马桶阀以及它们在美国的使用,也被覆盖在内。(切记,尽管未被授权的进口和使用是不同的侵权行为,但是"第一次出售"的原则不允许专利拥有者向马桶阀进口商收取许可使用费后再次向使用者收取许可使用费。)

美国的法律在涉及国外行为时走得更远。假设有人把马桶阀的单独组件运到加拿大,然后在那里组装待销,由于马桶阀成品从没有在美国被制造或者被销售,这样看来似乎与美国专利法规定的没有冲突,但事实并非如此。美国的法律明确覆盖了这种规避的行为,并将这种行为仍视为一种侵权,就像组装曾在美国发生一样。与此相似,再来看一个关于制作奶酪流程的美国专利。如果有人在加拿大制作奶酪并拿到美国来销售,那同样是一种侵权,即使这个专利只是覆盖了生产流程而不是奶酪本身;同样,法律适用得好像该流程曾在美国执行一样。之后,将会探讨更多这样的案例。

国际权利

现在,人们通常把专利简单看作为该专利所在国的产物,要想在国外寻求保护,专利拥有者必须逐国申请专利,这样就必须提到为这件事情提供便利的《巴黎公约》。《巴黎公约》是一个几乎已经被所有工业化国家采用的多边条约,它为每一个成员国在另一个成员国的专利申请提供了一年的宽限期,来帮助国际申请者。假设你在 2006 年 1 月 2 日在美国提交了一个专利申请,只要你在一年内向其他国家提交副本申请,这些申请同样会被视为在 2006 年 1 月 2 日提交的。这意味着在美国的首次申请之后的披露或销售都是没有问题的;披露或销售不会损伤非美国的权利,只要国际申请(或称 PCT 申请①)最终在首次申请日的一年内

---

① 下面有更多关于专利合作协议(PCT)申请的内容。现在,请把这些申请认为是站位子的,允许你延迟提交外国副本申请(这可能很昂贵)至额外的 18 或 19 个月,而保留最初的首次申请日期。

被提交,如图 1.1 所示。

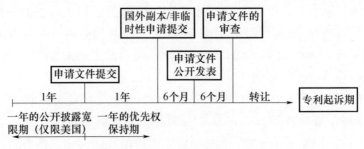

图 1.1　美国专利起诉时间期限

在这里,不能混淆这个一年的优先权保持期与美国赋予的披露/销售的一年宽限期的概念。大多数国家将在一年内尊重优先日;而只有美国允许你在披露或提出销售之后推迟至多一年去落实优先日。所以,如果你只关心在美国的权利,那你可以尽情披露或销售你的发明;只要在你开始(披露或销售)之后的一年内提交专利申请就行。如果你想在别的地方保留权利,那你必须在任何公开披露或销售之前提交专利申请;然后你有一年时间去提交外国的副本申请。

从 1995 年开始,美国的专利申请者就已经有了另一个选择。一个"临时的"专利申请相当于一只脚已经跨入了门里。它不需要包含(专利)权利要求或具有任何特别的格式或内容。不过,在临时申请提交日期一年内,必须提交一个更完整的、符合格式的正式专利申请。对外国申请的一年优先保留期也要从"临时"申请的提交日期开始算起。相应地,除了提交美国正式的专利申请以外,申请人还必须在临时申请提交一年之内提交非美国的副本申请。其他国家,例如英国,也允许提交临时申请(虽然叫法有所不同),而对于国内和国外后续的时间要求与美国一样。

对优先日期来讲,临时申请和非临时申请没有区别。如果在公开披露或提出销售的一年内提交申请,该临时申请在理论上保留美国(注意只是美国)的专利权利,并在必须提交最终的正式美国申请之前再给予申请人额外一年时间。临时申请也触发对外国申请的一年期《巴黎公约》的优先保留,所以在销售或披露之前提交申请理论上也保留非美国的权利。但是这两种情况的合格者都是"理论上"的。原因是临时申请并不是像它所描述的那样好,如果之后申请的内容没有被临时申请充分描述而得到支持,那么临时申请的优先日不管是在美国还是在其他国家就没有意义。这就是为什么专利律师很讨厌临时申请。客户经常认为他们可以将就一个便宜的、简装的临时申请,并且认为那些建议满负荷的正式申请模式的律师只是在扮演销售人员。但是,大多时候临时申请只是提供了一种虚假的安全感。为了对专利申请建立起充足的信心，专利律师必须理解这个发明，考虑可能的替代方案并且能够上位至发明人想要覆盖的任何东西，少了任何一样，申请就会失败。所以，虽然专利法允许你在博士毕业论文或者给风险投资人准备的PPT上拍一张附函，并把它称作临时申请，但是在专利申请的真正工作完成之前，无法知道它是不是能站得住脚。

看了以上内容后还清醒着吗？那就为最后的国际性复杂问题做好准备吧。向外国提交申请的许可。一些国家，包括中国、美国、俄罗斯以及个别欧洲国家①，要求申请人在向任何外国申请专利之前都需要从专利局得到许可，这使政府有机会来权衡该申请的国家安全问题，并且如果必要的话，政府将发布可能无限期压制该申请的保密令②。其他国家，包括日本、加拿大和其他的一些欧洲国家，则没有这样的限制。在美国，这项要求取决于该发明是在哪里发生的而不是申请人的国籍；任何在美国做出发明创造的人都必须在向外国申请专利（甚至在他自己的祖国）之前得到美国政府授予的向外国提交申请的许可。

不同国家对未经许可就向外国申请专利的惩罚各不相同。在美国，任何由此产生的美国专利都无效，除非美国专利局（PTO）在经慎重判断后追溯性地签署一份许可。而在法国，发明人可能会被送进监狱。

当原优先申请的一年期限临近的时候，向政府索取向外国提交申请许可的要求可能会使血压升高。假设一个美国申请人已经提交了一个临时专利申请，但等了差不多整一年才去提交正式的专利申请。PTO可能需要几个月的时间才能发出向外国提交正式专利申请的许可，而在此期间向外国提交申请是不被允许的。即使原来的临时申请得到了相关的许可，但它有可能不能覆盖正式申请。如果在获得许可之前最后期限到了，怎么办？那申请人只能完全放弃向外国申请或者选择向PTO提交PCT申请（这也给了美国政府考虑是否发出保密令的机会），以保留国外的权利。

技术细节

不用怕，我们不会对专利获取中这些令人目光呆滞的奥秘讨论得太深，只是提供一种关于要求、时机和成本的大概认识而已。从发明人的角度来说，获

---

① 法国、意大利、波兰和英国施加了不同程度的限制。

② 只有很少的专利是在保密令的主题范围内，但偶尔发出的保密令所用的标准及其时长可能变化很大。一个1958年的专利（关于一种合成致命神经毒剂VX的方法）申请由三个美国陆军化学家提出，在当时其申请被美国PTO压制了可以理解，但不能理解的是保密令于1975年才被解除，目前该专利是公开的。

取一个专利的过程大概是这样的:你和你的专利律师或者代理人合作准备一个用详尽(且昂贵)的细节去描述你的发明的申请文件;随着申请憔悴地等待审查,你生命中最好的年华溜走了①;最后专利局苏醒了,看起来对你的勇气感到震惊,但只是简略地拒绝了你所有的权利要求;你的律师告诉你不要惊慌,并且在大多数的情况下,最终劝说专利审查员至少核准了一些权利要求;并且,最后这个硬皮的专利证书终于发下来了。

让我们再稍微详细些地看一下专利申请以及怎样准备它。专利体系大致是这样的:播种知识,然后你将收获独占权的回报——作为用你的发明教育公众的交换。事实上,你的专利以充分的细节教导他们,任何具有相当技术的人在阅读了你的专利后,都可以制造和使用该发明,你可以得到一定时限内的排他权利。但是,尽管任何一个专利拥有者都可以对他人使用其专利施加限制,设立专利体系的目的是促进而不是限制创新。专利是垫脚石,公众可以自由地汲取专利所教导的知识,并且公众不仅仅被允许、更被鼓励去进行超越这些知识的创新;通过改进专利来规避专利对专利拥有者来说是一个坏消息,但是对于社会技术进步却是一个极大的福祉。

所有的这些意味着,为了使专利体系得以正常运作,专利的披露必须是全面的,之后我们将考虑更为具体的要求。就现在而言,说专利申请是一份广泛的教导文件并且就其本身而言会很昂贵就足够了。它们平均的花费从 5000 美元到 20000 美元不等,这取决于复杂程度、涉及的独立发明的数量、律师或专利代理人对主题的熟悉程度以及发明人对于承担一部分准备工作的意愿。专利申请的大部分内容专注于描述发明,并且到最后,该发明被煞费苦心地定义在一系列专利要求中去,可以将专利的权利要求想成是房产契约,这些权利要求的描述常常极晦涩且措辞模糊。专利的权利要求必须以文字或以某种方式抓住发明的本质,就像契约用文字绘制领土的边界一样。专利的权利要求读起来很困难:这是因为,首先,语言对于表达抽象概念来说可能是个笨拙和不完美的工具②;指出一块地的边界,比书面描述房产划分及其关系要容易得多。其次,用语言去描述抽象概念还存在局限性,法律要求更高的精确性。专利的权利要

---

① 现在的专利申请可以选择是否向美国 PTO 提请加快审查,在收取高昂的费用之后,PTO 会提前对申请进行审查,并且会在申请提交的一年之内做出决定。

② 疑惑的读者会说这是胡说:专利的权利要求涉及凸轮、化学制品和电路,(而它们)全都是具体的物件。抽象在哪里?(此问题的)答案是,发明不是部件的空洞聚集,而常常是一个以特殊方式实现的目的。比如,发射升空、信息被传输或疾病被治疗。也许发明的实现依赖某些部分以达到目的。但是没有任何发明人希望专利保护被限定于一个单一的实施。把对目的描述表达出来,并且表达出该目的的怎样不局限于具体部件而被实现,是一个好的专利权利要求的实质和挑战。

求,就像契约一样,必须警告公众哪里是不可以踩踏的。抽象和精确,这一自相矛盾的要求导致了权利要求的论述具有折磨正常头脑的、以奇怪的词语表达的特殊风格。

专利的权利要求是有层次的,而后续每一层的要求(会)增加额外的元素,这些额外的元素则定义了战略撤退的处境。每个权利要求独立存在,并且都必须定义创造性的主题。如果较广泛的权利要求在诉讼中被击败了,那么或许范围窄一点的权利要求还可以幸存,而无论是 1 个权利要求还是 100 个权利要求被侵犯,专利拥有者都有资格获得同样的救济。

考虑到对专利的补偿,有人可能以为专利申请直到专利权被授予那天都将是保密的,同时专利拥有者有机会来决定披露专利覆盖的内容是否值得,然而,这种看法是错误的。几乎没有例外,专利局在申请提交的 18 个月之后公布申请。在那个时间点,发明就不再当作商业秘密被保留了。更糟糕的是,在专利审查员甚至还没有腾出时间对申请进行审查之前,该申请就被公开了。除非专利最后被授予并且其中的权利要求反映了该申请所教导的内容,否则公众将拥有一份免费的指导手册。换句话说,花费的时间和金钱可能是对一个失败的专利申请的最小惩罚。

对这种强制性的、灵魂赤裸式的公开,只在美国才有有限的例外。尽管在 2000 年美国就采取了(专利申请)自动公开的方式,但只要申请人声明一个不在外国(在那里,公开是自动的)提交申请的意向,美国的专利法就允许申请人阻止其专利申请的公开,然而,几乎没有人使用这个选项。这是因为,向外国提交申请的决定通常被推迟到一年的优先保留期限的最后,而不公开专利申请的要求必须在提交正式申请的时候就要做出;更重要的是,从长远来看,过早牺牲掉在国外的权利,其代价可能会很高。

可话又说回来,在外国提交专利申请实际上短期内一定是很昂贵的。当面临这样的花销和费用时,再顽强的管理者都可能犹豫不前。一些国家把他们的专利局作为盈利中心,并相应地对申请人收费,并且贯穿专利诞生的每一个环节:申请费、实质审查费,以及一年又一年的保持专利权有效的费用。把申请翻译成外国语言的要求进一步提高了提交申请的价签。而最后期限仍将在优先日之后的 12 个月到来。有多少情况是在这么早的阶段就能获知一个未开发的产品的潜力?而对于充分估量该专利在国外市场上相对于那里的保护成本的获利潜力,所知是不是更少?

这就是专利合作条约 PCT 的起源。PCT 本质上给予了更长的延期机会。在 PCT 之下提交的"国际"申请就是占位子的,或者更准确地说,是买入期权。

花费2000~5000美元,取决于各种情况,一个PCT申请允许外国申请的实际提交日期被额外推延一年半(总共是30个月,见图1.2)而不失去其初始的优先日。此外,在优先提交申请之后的18个月,该申请随同一份由专利当局完成的"国际检索报告"一起被公开。该检索报告给申请人提供了一个关于他的专利权利要求相较于前人技术文献的初步认识。所以,当30个月的期限临近的时候,基于对专利可能的保护范围以及该产品可期待的全球潜力的深入理解的预测,申请人可以做出一个深思熟虑的决策。

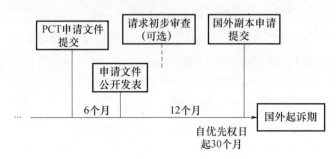

图1.2 国际专利申请提交期限

当然,这种推延的代价大大超过提交PCT申请的费用。而在提交外国申请之前,该(PCT)申请甚至都没有排上审查的队,与此同时,从提交PCT申请的日期就开始算起的20年的专利保护期,就已经开始很悲剧地悄悄流逝。

当审查最终发生时,它会有一段时间的争论不休,很少有申请是立即就被授权的。(如果那真的发生,专利律师可能会有一种申请没有提出足够要求的不安感觉。)这个争论不休的过程叫作审查,它可能要很长时间,通常数月,而有时数年。并且,如果最后不成功,专利申请人可能针对审查员的驳回选择要求复审,这个过程又需要几年的时间,而所有的这一切都会算入20年的保护期内。这就是为什么几乎没有申请被专利权人要求复审。专利律师总是尽可能地在审查阶段和审查员达成一些和解。

在专利被授权之前或之后,取决于国别,第三方可以有机会对该专利提出异议。这些异议程序,因为对于潜在质疑者的数量并没有任何限制,再一次增加了这个过程的时间和成本。

除了时间期限和手续形式的区别以外,这些审查的程序在不同国家变化不大。例如,印度在积压待办专利申请方面是臭名昭著的,他们甚至可以拖延超过10年才授予专利。一些国家,例如,墨西哥和巴西,基本上是看美国或者欧洲程序的结果;另一些国家,例如加拿大,并不明显地遵从(美国),但也对于这些程序表现出极大的兴趣;还有一些其他国家,如某些中东国家审查专利的程度仅仅停留在格式的合规性的层面上,这些"注册式"国家只是简单地按照申请被提交的样子进行发布申请,并且如果(专利)拥有者起诉,这些国家由法庭来判定专利权的覆盖范围。

最重要的程序性差别发生在一个区域组织的成员国,尤其是欧洲,在那里一个单独的审查程序就可以使专利在一组国家中受到保护。在欧洲,成功的专利申请人是从位于德国慕尼黑的欧洲专利局得到专利授予的。但是这个专利本身在欧洲任何地方并不是都可维权的。反而,它必须在欲维权的每一个欧洲国家先得到"有效批准"①。值得注意的是,每一个国家都有权根据其自己的法律去解释并执行该专利权利。目前,欧洲还没有关于专利维权和侵权的统一法律。

总的来说,专利的优点包括:

(1)(专利保护的)覆盖范围清楚并容易维护;

(2)可专利的主题范围最广阔;

(3)独立研发不构成对侵权行为的辩护。

而主要的缺点包括:

(1)高昂的费用;

(2)在申请与授予之间要经历很长一段时间;

(3)存在在专利权生效之前被披露的可能性。

版权

如果之前开垦专利荒野的艰辛已经让你喘不过气了,那么欢迎来到舒适的版权绿洲,在这里,生活变得容易了许多。困难的流程?没有,版权覆盖是自动的。国际保护?也是自动的。申请资格的限制?微乎其微。费用?几乎为零。保护期限?差不多是永远。

这些听起来好得让人不敢相信。而正如你所预料的那样,这也取决于你想要保护什么,以及你想要多大程度的保护。版权主要是被用来保护作者的。作家总是一个坏脾气的群体,而印刷机的发明不仅仅开启了大量分发的可能性,也开启了大量剽窃的可能性。1710 年,英国议会通过了第一部版权法——《安妮法令》,来应对这样的可能性:"印刷商、书商和其他人"在没有经过作者允许的情况下重印其书面作品,导致"给作者造成了极大的伤害,并且常常毁灭了这些作者及其家庭"。这个法令引入了一个观念,即作者应该拥有复制其作品的权利,并且引入了固定保护期限(仅 21 年)的原则。随着版权法的进化,保护期

---

① "有效批准"只是程序,只要缴费即可获得。——译者注

限和受保护作品的种类得到极大的增长。版权不仅仅局限于文学作品,还覆盖了各种其他作品,包括艺术、音乐和戏剧创作及表演、声音和电影的记录、电台和电视的播放,以及最成问题的计算机软件。

尽管版权保护的范围很宽泛,它最终仍然受制于其动机根源,即创造性的努力可以很容易地被机械性地(或在今天电子性地)复制,并因此被剽窃。版权所涉及的核心的、最简单的侵权是不加思考、不知羞耻的复制。版权法起到了很好的作用,并因此禁止了非法的音乐唱片销售、未被授权的光碟或商业软件的下载,以及书籍和杂志的非法复制。明目张胆的剽窃在版权法的管辖范围内明确地下降了。

但是不明显的剽窃……好吧,让我们暂时不要吹毛求疵。反而,我们应该沐浴在我们的用户友好的程序和轻松的申请资格要求的绿洲中。

申请资格

就像上面描述的一样,版权的主题很宽泛。如果有什么东西反映创造性的表达而且可以被复制,那它就很有可能被纳入版权体系。另一方面,纯粹实用型的作品则在版权范围之外,那是专利的目的所在。一些人工制品同时具有功能性和创造性的成分,例如,装饰性的灯座。在这些情况下,版权保护创造性的部分,但不阻止世界上其他人制造灯座。

除了符合主题事项要求以外,版权的申请资格标准是微乎其微的:

· 原创性;
· 依附于有形的表达媒介。

对于这两条要求,门槛都被设置得很低。"原创性"是指一个作品被独立创作并且至少反映了一点点的创造性的努力。但它不需要在新颖或独创意义上是原创的。"依附"是指作品已经以一些具体的方式被记录了,如在纸上、磁带上或电脑内存里。

原创性的要求虽然低,但不是不存在。信息数据库,如电话目录,由于没有涉及创造性的安排和选择,所以它处于版权的范围之外。这引起了大型数据库所有者去寻求特别的法律以保护他们的劳动。他们的最重大的成功发生在欧盟,欧盟通过了一条对数据库授权 15 年保护期的法令,但前提是创建数据库需要"大量的投资"。

被保护的权利

版权所有者得到一些排他权,但不是所有的排他权在任何情况下都很有意义。这些权利包括对作品进行重印或者复制、改编（准备"衍生性"的作品，例如，翻译或者把一个电脑程序整合到另一个里面）、发布和公开演出。这些权利享有很长的寿命。在美国和欧洲，一个最近作品的版权持续到作者生命终结外加 70 年；在大多数其他国家（包括日本），期限是作者一生外加 50 年。美国的法律对于公司作品的保护期限另有规定：出版之后的 95 年和创作出来之后的 120 年中较短的一个。一旦版权过期，则作品进入公共领域并且可以被自由地复制。

很多国家，特别是在欧洲，也承认"著作人身权"，它不仅仅保护作品本身，也保护作品的创作者。传统的著作人身权包括"署名权"（被识别为一个作品的作者）、"完整权"（以阻止他人对这个作品进行歪曲），以及撤回的权利（以撤销、修改或者否认该作品）。虽然这些权利清楚地反映了对艺术家和作家的重视，并且尴尬地与这个科技和软件的世界格格不入，但是这些权利却可能是最适用的。此外，为了避免艺术家和绝望的作家饿肚子，著作人身权通常是不能被放弃的，也就是说，限制或者转移这些权利的一揽子协议通常都是不能强制履行的，而且一定要在个案基础上获取作者的同意。没有作者的同意，一个把版权所有权转让给其顾客的软件开发者，可能还是得依靠著作人身权来阻止其顾客在没有软件开发者明确同意的情况下对软件做进一步的改变①。

面对着各种新兴科技和新媒介，版权一直淡然处之，并且持续地比那些宣称其已经过时的人活得更长久。近乎无处不在的互联网成为近来巨大的挑战。以数字方式表达的作品前所未有地触手可及，而大量的、几乎没有成本的复制和转发的机会也从来没有这样广泛过。出版者发愁：仅仅是一本畅销书或一首热门歌曲的数字复制品，就将会在在线的一瞬间摧毁合法的市场，而大量的文件交换者把他们的学校网络拖慢至爬行速度以证明自己是对的。但是，抛开所有的天要塌下来了的担忧，互联网并没有改变版权的基本属性，改变的是传播的媒介和其中的参与者，以及出版商采取的阻止剽窃的办法。

美国数字千禧年版权法案（DMCA）到来了，它尤其明确了那些把他们的用户接入互联网的在线服务商的责任，并且使那些试图绕过保护措施（其用来防止不正当复制）的人日子很难过。欧洲也在走向一条相似的路。本质上来说，DMCA 保护互联网服务提供商：只要这些互联网服务提供商在收到版权人告诫侵权的通知后从用户的网页中去除那些侵权的材料，就免于针对传递信息的版

---

① 著作人身权在不同国家差别巨大。在英国，著作人身权可以在一揽子协议基础上放弃，但并不覆盖软件。加拿大的著作人身权覆盖软件，但是一揽子协议的放弃是允许的。在澳大利亚，著作人身权覆盖软件，但只能为特定用途根据具体情况被放弃。

权侵权责任。DMCA 把破解(即绕开)反盗版设备进行的黑客行为确定为犯罪,但是为了进行加密研究、评估产品的交互性以及测试电脑的安全系统而进行的黑客行为是被允许的。尽管 DMCA 招致了大量的批评,一些有道理一些没有道理,但是它并没有扩展盗版的概念或者突然阻止之前曾允许的活动。

国际权利

版权保护不仅仅是自动生效的,而且在范围上是国际的。一张版权条约织成的网把世界上大多数国家的版权法绑在了一起,最著名的有《伯尔尼公约》和《世界版权公约》。通过这些条约,一个国家的版权保护会自动地延伸到其他国家。

这些条约背后的基本原则就是"国民待遇"(national treatment),意思是每个国家都把对自己公民的保护延伸到别的国家的公民上。例如,如果美国的版权保护期比日本长,那么,一个美国公民在日本将受到较短的保护期,而一个日本公民在美国将受益于较长的保护期。"国民待遇"的概念也延伸到版权保护的范围和特征方面,例如,软件在版权下被保护的程度。虽然在著作人身权上有例外,但大多数国家的版权保护都基于相似的原则,所以版权的主题和范围没有显著的区别。

技术细节

幸运的是,版权绿洲之中几乎没有什么复杂的技术细节。一旦一个合格的作品被"依附"到一个有形的介质上,那么以上一系列权利就立即附加到该作品上。

然而,美国重视被版权保护作品的注册和在国会图书馆副本的收藏。虽然条约义务限制了注册和收藏可以被推行的程度,但是美国的法律为承担这些极小的步骤提供了强大的激励。例如,提出诉讼的权利:对于在美国创作出的作品,直到该作品已被注册,其版权所有者才能提起诉讼。进而,注册具有一定的程序性好处。如果注册发生在第一次侵权之前,那么版权所有人可以取得"法定损害赔偿"和律师费用①。对于版权侵权,法定损害赔偿提供了在法庭上可赔偿的一定数额金钱的底线,并且根据具体的情况,这个金额可以从 200 美元变动到 150000 美元。这种"法定损害赔偿"和律师费用的实用效果体现在实际赔

---

① 更复杂一点的情况:如果作品首次发表,在作品发表后 3 个月内注册将不会丧失任何权益(即无论侵权何时发生)。

偿数额不大的情况,诉讼也是可行的①。

从广告到 Adobe Acrobat,我们都看到过很多的版权声明标识。这些声明基本上不是必须有的,但是因为不同的国家(以及条约)有不同的规定,例如在美国,声明标识不是必须有的,但是有了声明标识则可以剥夺复制者声称"无辜"侵权的权利,最好的选择是在已经发表的作品上添加版权声明。在 1511 年,一个德国的艺术家 Albrecht Durer 使用了如下的版权说明:

> 住手! 你们这些狡猾的人、不懂作品的陌生人和剽窃他人智力成果的小偷。不要想着去轻率地把你们剽窃的手放到我的作品上。小心! 我已经得到了最荣耀的 Maximillian 国王的授权,在全帝国领域上的任何人都不准印刷或者出售这些雕塑的虚假仿制品! 听着,并且记住:如果你这么做,无论是恶意还是贪婪,不仅仅你的货物将被没收,你的身体也有致命的危险!

而今,版权声明不必如此张扬。一个满足大多数条约的版权声明采取如下的格式:

Copyright © 2005 ABC Corporation

All rights reserved.

版权的局限性

就像之前提到的,版权赋予的权利适合于阻止未经许可的复制。然而,越非原样复制,版权给予的覆盖范围就越小。版权保护思想的表达而不是思想本身,例如,达·芬奇的蒙娜丽莎,保护的是画本身,而不是艺术家画眼睛又黑又大的神秘美女的特权。借用和剽窃不一样,换句话说,当用来保护作品的"非著作"内容的时候,版权的工具就有点勉强了。

复制在哪里结束,而可允许的借用又从哪里开始呢? 很显然,如果侵权诉讼的胜利只是针对那些不加思考的原样复制者,通过微小的增添或者删除,作品就可能被剽窃。所以,比较常见的侵权标准已经被定义为"实质性相似",而不是完全相同。但是,多少的相似性符合"实质性的"(相似),是个难以捉摸的问题,并且没有一个简单的方法能在法律上去断定多么接近将会造成过于接近。

或许更重要的是,实质性相似本身并不足以构成版权侵权。独立创作总是

---

① 在美国,对赔偿的度量通常基于侵权所造成的实际损害,并且在计算实际损害时,侵权者的任何利润不考虑在内。

一种辩护。版权，再重申一次，是保护不被复制。如果一个软件出版商的竞争者可以表明它甚至独立地创作了完全相同的作品，那么版权将不会帮助原创的出版者。现在，尽管存在批评，法律制定者也并不愚蠢，并且法庭认识到几乎没有被告会心甘情愿地承认故意的复制。总的来说，如果能够证明创造出实质性相似作品的作者曾接触过原创作品就足够了。这就是为什么软件开发者经常要花很多功夫在"净室"环境下开发竞争性代码，以记录他们实际上没有接触过别人的代码。

如果（主意的）表达得到保护，而主意本身对所有人来说都是容易想到的对象，但是只有很少的方法去表达主意怎么办呢？例如，你能有多少种办法画出一个书柜的装配说明或表达质能方程 $E = mc^2$ 呢？在这种情况下，主意和表达方式就被说成是"融合"了，并且版权保护完全不适用这种情况，以免主意被垄断。融合的概念在电脑软件背景下有很重要的作用，其有两方面原因：第一，存在多少种方法去编写代码的问题具有高度技术性且经常是可供商榷的；第二，这意味着保护越有价值，得到这个保护就越难，即考虑到替代的缺失，竞争者越难以回避。

在采取常用手段表达一个"常备"特征或处理特定情景下的事件时，（在版权中即"总是出现的场景"），涉及"融合"的局限性就会发生，例如，在战争电影中士兵行军的场景，没有人可以对这种比喻具有垄断权。而这个概念在软件领域更为突出。如果一个特别的主题已经变得很普通，它就不是可保护的。例如，一个关于电脑显示的版权案例，认为窗口的重叠使用是窗口显示的常备内容因此被排除在版权之外。进而，如果一个编程的形式是由外部因素所决定的，例如，硬件的兼容性需要或工业实践，它也将属于"总是出现的场景"的范畴。

就像我们之后会看到的，所有这些对软件版权保护的削弱，可能影响确实是重大的。

最后，对"公平使用"的概念保护某些会侵犯版权的活动加以说明。"公平使用"是要保护为了有限的或"变革性"的目的而进行的复制，例如，评论、批评或者拙劣模拟一个有版权保护的作品。这些事情通常可以在没有得到版权所有者同意的情况下进行。一个特定的使用是否可以被免除侵权责任而作为"公平的"使用取决于多种因素，比如这个使用的特征（例如，相对于商业性地使用，其使用目的是基于教学或公共利益）、该作品的性质（作品越富有创造性，它针对复制得到的保护就越多）、该作品实际被复制的数量，以及该作品对市场的影响(例如,一个商业性动机的拙劣模仿,将不太可能偷走原创作品的市场销量[①])。

在科技背景下,"公平使用"最常用于电脑软件的反向工程。版权法鼓励人们去探索一个作品深层的思想。但是如果要获取这些思想需要未经许可的复制怎么办呢?这个问题通常发生在视频游戏领域,特别是试图设计与特定制造商的控制器兼容的游戏盒式磁盘。这通常需要搞清楚控制器和磁盘是怎么相互作用的。如果搞清楚的唯一办法是复制一些代码(但这个控制器制造商拒绝提供相应的兼容性信息),那这样的复制将也许符合"公平使用"的要求。

所以,尽管版权的好处在于:

(1)花费低,不存在程序性的要求;

(2)自动的国际覆盖范围;

(3)符合要求的低标准。

其劣势在于:

(1)专注于实际的复制;

(2)无数的例外限制了保护范围;

(3)独立研发可以作为侵权的辩护。

商业秘密

如果说专利是刻薄的情妇,获得她的好感要苦苦哀求才能得到并且最后还要被残酷地分成几份;而版权就是诱人的坏女人,她许诺整个世界最后却只给一丁点儿;那么商业秘密就是严厉的大叔,劝告你不要再去乞求政府的帮助并开始自己保护自己吧!

专利和版权的法律都鼓励披露(版权程度相对较小),给予保护是作为一种保证思想和信息自由交换的方式。而商业秘密法律的作用却相反:它助推那些用于维持机密性所做的积极努力。商业秘密的法律不太涉及保护创新,相反,它的目的在于加强商业行为规范并阻止不正当的竞争。进入机密商业关系的当事人必须对不泄密的承诺保持忠诚。外人不可以窃取他人的商业秘密以获取竞争性优势。

因此,法庭只帮助那些自救的人。当受到不正当行为伤害时,商业秘密拥有者常常可以获得金钱赔偿以及一份禁令,用于阻止不正当的使用者利用该商业秘密;但是这些都只有在充分的保护措施已经到位的情况下才可以获得。法

---

① 尽管刻薄的滑稽模仿可能负面地影响被效仿作品的销售,但这不是版权所关心的问题。

律对商业秘密拥有者的救济程度取决于商业秘密拥有者已经采取的预防偷窃措施和偷窃入侵发生方式的相互作用,其重点是自身对于偷窃的预防不足会丧失对商业秘密的保护,而小偷的恶行怎样并不是问题的关键。另一方面,在保护措施充分的情况下发生的较小泄露,只会减弱保护,虽然通过不正当的方式获得商业秘密仍然是可以被控告的,然而被泄露信息的善意发现者将不会面临惩罚。禁令一旦发布,一般会至少持续一段时间,这段时间是在没有该商业秘密的情况下开发该设备或流程所必需的(即反向工程所需的时间),如果被告的行为特别恶劣,时间或许会更长。

商业秘密在法律性质上具有显著的地域性特点,每个国家都不同,并且在美国州和州之间都有差异。但是,被保护内容的基本范围和可能的救济手段变化很小。商业秘密是由于机密性而具有价值的信息(如公式、计算机程序、生产技术、顾客清单……)。所谓机密性,是指它一般不为人所知或不容易通过正当手段得到的事实。当计算机软件具备足够的原创性以至于产生竞争优势时,也算得上是商业秘密。

商业秘密拥有者需要采取什么样的保护措施呢? 当然,这取决于该商业秘密拥有者的业务性质以及可能的泄露途径。由于法庭无法在事后评估所采取保护措施的充足程度,所以商业秘密拥有者必须做到未雨绸缪。生产商担心关键的负责人,软件开发商害怕程序员的滥用,但是商业秘密也可能失窃于顾客、金融赞助人、合资人和诉诸工业间谍行为的竞争者。一些典型的预防措施包括:

- 严格的接触控制;
- 场地安全;
- 员工的保密协议;
- 严格的离职谈话;
- 对承销商和客户的合同限制,包括在可能合作的最初期就使用保密协议;
- 清晰的提示,例如,宣布专有材料"保密"的显著图例。

但最终,商业秘密的维权能力很少取决于满足哪些资格的标准,而更多取决于诉讼的实际需要。诉讼当事人要能起诉必须克服证据和程序上存在的内在阻碍,虽然这些阻碍是每个法庭上的原告都要面对的,但对于商业秘密拥有者而言,这些阻碍显得特别难以跨越。我们会在下一章介绍为什么。

总而言之,商业秘密的优势包括:

- 合格主体的范围宽泛;

- 无正式要求。

缺点主要包括：

- 维权困难；
- 可能被独立研发和反向工程击败；
- 维持保密的潜在费用高；
- 相应法律不断变化。

杂录

外观设计专利①

外观设计专利的注册占据了普通专利和版权之间这段令人不舒服的中间地带。外观设计专利覆盖物品（如照明器材和玩具）的装饰性特征，这些物品作为"有实用价值的东西"，处于版权的范畴之外。功能性的属性则属于普通专利的保护范畴之内，不属于外观设计专利的保护范畴。在美国，对于外观设计专利侵权的判定是普通观察者眼中的相似性。

因为在外观设计专利中，形式传统上是功能的配角，外观设计专利在知识产权集合中一直处于次要位置。而现在则大为改观，特别对于个人电子产品，消费者越来越等同考虑设备的外观和功能而做出购买决定。苹果与三星电子针对"智能手机"、平板电脑的激烈诉讼相当严重地取决于外观专利，并且使很多产品销售者（及其律师）相信他们忽视这个长期被忽视的保护形式将自负后果。

在这种思想转变之前，外观设计专利最广泛的用途曾是覆盖功能性的工业设计，例如，汽车的备件和机械接口。为什么呢？有时候因为产品不具有资格申请普通专利，而有时候是为了省钱，毕竟外观设计专利的成本要比普通专利少得多，但这个策略能成功的程度是值得怀疑的。你难道真的可以把一个排气音管的审美属性与功能属性区分开吗？于是，明智的工业知识产权消费者通常会把外观设计专利视为不太可靠但相对便宜的退路。

集成电路布图设计

美国半导体芯片保护法案是版权法规的一部分，它具体保护芯片设计，特

---

① 在中国，外观设计专利是专利的一种形式；但是在美国，它是一种与专利具有同等地位的知识产权确权形式。——译者注

别是用来制造微电子元器件的电路布图。这个法律的效力是,给予通过照相法制造的三维模式或半导体芯片的印刷术以 10 年的保护期。集成电路布图设计的拥有者具有排他的控制权,该控制权不仅仅针对集成电路布图设计本身的复制,还针对基于该布图设计的半导体芯片的进口和分销。

然而,该芯片保护法案并不禁止反向工程,竞争者可以把通过合法方式发现的任何东西包含到他们自己的集成电路布图设计中,只要这些布图设计满足版权对原创性的要求。换句话说,任何人都可以复制一个芯片的功能性,只要他利用不同的电路布局。结果,即使是在受益于该法案条款的半导体厂商的狭小群体之中,此芯片保护法案也不是非常重要。Intel 最新的微处理器,就其功能性而言,几乎是立即就被竞争者模仿了,此事实就可以说明该法案的局限性。大多数的半导体公司都依靠专利来保护他们的重要创新。

第 2 章
做出战略选择

第 1 章概述了保护创新的各种选择及其优势和劣势。如果管理者可以像选择绕园子的栅栏一样容易地参考这些标准，以辨别特定情况下最好的战略选择，那知识产权规划可能只是比较价格、可能性和偏好的简单事项了。真希望事情是这么简单。可实际的情况是，不仅做这些选择较为微妙，而且事实上我们到目前为止只讲了整个故事的一半。第 1 章中讨论的标准设定了基本的法律参数——你的产权边界。然而，维护知识产权的能力意味着驱逐侵权者的能力。如果谁都可以进来免费住的话，最棒的房子也很快变得不适合居住。就像奥德修斯从特洛伊得胜归来看到一屋子贪婪的吃白食者还想着霸占他的妻子一样，拥有合法的财产权与维护是不同的。

并不是每个人都热衷于诉诸诉讼。最好的律师宁愿劝诫那些侵权者让他们离开，而不愿像奥德修斯那样惩戒他们。关键是去评估财产权的适合性和司法救济的实际可能性，因为只有就金钱、时间和可靠性而言可以实施的权利，才是值得去维护的。

在本章，我们将考虑如何在现实情况中评估保护机制，将首先关注实施的背景，然后通过一个案例来审视相关选择。

背景——知识产权纠纷的解决

美国律师把他们自己视为真理和客户利益的狂热追求者，但愿这两者可以一致。这样的狂热经常让他人觉得霸道，甚至谋财害命，它把法律诉讼变成了绝望的对手之间残酷的达尔文式的丛林争斗法则。而且没有比在知识产权诉讼中更为痛苦绝望的竞争对手了，该诉讼中每一方都冒着失去其最珍爱资产的风险，这资产是技术上的皇冠宝石，是其成功的源泉，而且也是其真正身份的来源。对诉讼双方对立的看法可能永远无法得到调和，但是不可否认的是，美国的程序比大多数其他体系提供了更多揭示真相的工具和机会(但不幸的是,也提供了更多滥用的机会)。

造成这种现象的原因之一是美国法律内在的对立性质。像其他"普通法系"国家一样,例如,英国、爱尔兰和澳大利亚,美国依靠两方自我激励式的激烈争辩,将其案件最佳地阐述给法官和陪审团,而法官和陪审团则袖手旁观、聆听并且做出裁决。法院在很大程度上属于被动角色,这导致当事双方通过一个审判前的取证(pre-trial discovery)来找出相关的事实。在"大陆法系"国家,例如,别的欧洲国家和日本则相反,法官在诉讼过程中趋向于扮演更积极的角色,并经常会自己去询问证人[①]。在这些国家,取证是有限或是不存在的;甚至律师的交叉询问证人可能也是不允许的。想从对手的文件或者场所那里得到证据几乎不可能。没有审判前的取证,虽然可能掩藏了一些坏事不被发现,但是可以大大地缩短诉讼时间并降低花费。(在日本,尽管法律取证很少,审判却看起来没完没了。)

为了解其中的内容,让我们来看一个典型的专利诉讼在美国的进程。

专利所有人提出起诉。他的对手,即被指控的侵权人有 20 天的时间来作出答复。法庭会设置一份诉讼时间表,然后在接下来的大约 9 个月的时间里,双方从事各种形式的取证工作,竭力寻找相关的信息。证人被要求作证,即在法庭的记录员面前宣誓说真话并被正式采访。文件和物品,例如样品,被要求提供(有时是作为对作证中回答的反应)。每一方提出一系列的"质询"——就是一些要求对方做出书面回答的书面问题。专家证人披露他们的意见并且接受面谈。如果一方拒绝遵从或者过度拖延,另一方可以要求法庭出面干涉。相似地,如果律师在取证过程中太激进,提出了过多要求或者采取不相关的手段,法庭也可以施加制裁。而且,即便在自主的范围内进行操作,取证也可能耗费极大的精力而且极其昂贵。比如可能要找到几千份文件交给对方,拜访分散在全国各地甚至是在国外的证人,搜索过去多年的电子记录,而所有这些在展开的同时都要遵从保护商业秘密的程序,同时还要忙碌地审阅来自对方如潮水般涌来的材料,如图 2.1 所示。

---

① 不清楚为什么普通法系国家倾向于鼓励对立审判体系,而大陆法系国家的体系通常在性质上是"调查审问式的"。"普通法"的词汇指的是先前的司法判决的约束性质和法官影响法律的能力。大陆法系,与之相比,主要依靠法令和法规而不是法官对其的判断。尽管早期判决没有被忽视,但他们缺少在普通法系国家中得到的正规权重。

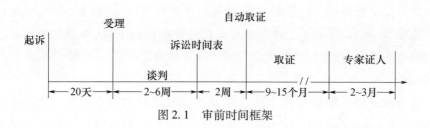

图 2.1　审前时间框架

事实的取证过程结束后，双方对于对方的诉讼实力有了更好的认知，这经常导致和解。经过取证，只有在两方不能就事实（或者和解）达成一致的时候，诉讼才会进入审判阶段①。当双方不再就事实发生了什么而辩论，而是就法律（或者更常见的是如何适用法律）存在不同意见，案件通常都会通过即决判决来解决，这是一个初步的、抄近路的、不用进入审判的解决部分或者全部问题的程序②。如果法庭审判程序最终发生，其过程可持续多达一个月，会有昂贵的律师团队和专家证人为观众作演示——只有美国允许专利案件在陪审团面前进行审判——整个过程各方累积收费。总的来说，一个通过审判进行的专利诉讼平均需要 2 ~ 3 年的时间。上诉还需要一年的时间。每一方的花费都在 100 ~ 250 万美元之间甚至更多，如图 2.2 所示。

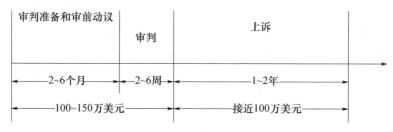

图 2.2　审判和上诉时间框架

真的需要所有这些"重机械"来发掘出案件的价值吗？并不总是。如果一个专利侵权涉及一个容易获取而且容易理解的产品，那么没有什么秘密需要去挖掘：专利阐明了涉及的权利，并且这个产品要么落入权利要求范围之内，要么没有。当然，专利的解释、其有效性以及（侵权）补偿的问题可能激起强烈的争论，但这些问题的解决不需要对商业操作的过分介入。这样的案件在差不多任何承认专利的国家都可以被提起并成功地诉讼。

---

①　在欧洲国家，特别是德国，和解相对很少；侵权诉讼是非常迅速的（从开始到结束 6 个月时间是很常见的），并且与美国相比诉讼成本非常低，因此大多数案件都会进行至最终裁决。

②　即决判决是一种简易判决，必须有一方提出请求，然后由法官决定是否不需要陪审团判定事实真相就可以依据法律标准裁定。——译者注

如果专利覆盖到一些锁在被告场所的东西或者一个可以关起门来进行的生产过程、方法，则不属于上面的情况。在这样的情况下，从对被告销售的东西进行检查的角度，侵权行为可能不那么明显，因为这些产品通常看不出生产它们的过程。

而与商业秘密相关的诉讼中，取证是不能避免且尤为重要的。商业秘密不能在产品（其来源于该秘密的使用）上留下可以探测到的标识，否则这个秘密不太可能保留很长时间。它将在幕后被无形地利用或者不可逆地深藏在产品中。侦查该秘密是否未经授权使用，需要利用一些专门的窥探手段来取证。例如，丢失的电子邮件、有启示的备忘录，或者是紧张的证人在一个句子上喋喋不休太久。这些小的胜利可能最终并不能解决问题，但常常能指示正确的调查或是引导证人的方向，直到被告的行为被更清晰地勾勒出来。

即使在没有得出所选择保护方式的战略优点和缺点之前，我们仍可以获得这样一个结论：知识产权维权时取证的程度一般不影响专利和商业秘密之间的理性选择。那些专利或商业秘密所涉及的活动和隐性产品特征，不管在哪一种知识产权制度下都会抗拒侦查，并且，在那些提供有限或不提供审判前取证的国家，这些活动或特征的使用证据可能干脆是无法得到的。

同时，诉讼风险超过取证的可及程度。专利和商业秘密维权的风险确实不一样，而这常常强烈地影响保护机制的选择。更多内容如下。

专利 VS 商业秘密

案例学习1　迪米椎·奥乌考斯基，真蓝公司的创立者。他所构想的一个未来的场景中，与我们密切相关的信息，如信用卡、驾照、喜欢的音乐甚至还有一两部电影，都存储在一个硬币大小的 CD 里，和零钱一起放在我们兜里。这个愿景的关键是一种商业上可行的蓝色激光，它的短波可以使之在一张光盘上读写比现有技术（基于红色激光）多得多的信息。半导体工业对于这个如同圣杯一般的目标的求索一直因氮化镓的苛刻要求而失败，氮化镓是精选的蓝色发光材料。不像硅和其他常见的半导体，氮化镓难以形成大片的高纯度几无瑕疵的晶体，而这恰恰是激光能达到实际效果的必要特征。虽然就像盐在湖底沉积一样，大多数半导体晶片通过在工作平台上沉积材料层来制造，但是奥乌考斯基采用了另一种方法，他在高温高压下将初级反应物撞击到一起，直到一团一团的氮化镓形成变大，就像雪球一样。它们可以被切成很薄的完全透明的纯净氮化镓。

奥乌考斯基虽然不是第一个用这种方法来形成晶体的人，但他却针对这个问题有过多年在俄罗斯进行军事研究的经历，这使他远远领先于那些刚刚开始尝试利用块体生长方法使氮化镓能够商业化的研究人员。他相信那些人距离重复他的"配方"还有多年的时间，因为这涉及在连续的循环中必须将反应物置于特定的压力和温度，并且这些循环不是固定的，会根据晶体生长的情况来变化。奥乌考斯基设计出的一些非常奇特的神经网络软件，其传感器能够持续地对反应室中的变化进行监控，以达到精确控制，使反应物始终处于正确的状态中。

市场是巨大的。全球常规红色激光的销量现在超过了每年10亿单位，如果在这个还在增长的市场中用蓝色激光来替代，真蓝技术的潜力是个天文数字。真蓝是一个很年轻的公司，它是在18个月前奥乌考斯基移民美国后成立的。钱不难找，并且真蓝有足够持续一年时间的钱（按照它现在烧钱的速度来算）。

你，现在是真蓝刚上任的CEO，需要负责策划和执行公司的知识产权战略。下周董事会希望了解你关于最基本入门问题的想法——通过什么样的方式来保护真蓝的自有技术？

你立即就意识到了关于知识产权保护的决定并不是完全统一的，因为真蓝拥有不止一项独特的技术——其流程配方和控制软件。这些技术很显然是相互联系的，但是每个技术有其自己的知识产权考虑。但是首先要考虑一些基本的资格标准。你要记得，在向俄罗斯以外提交专利申请之前，俄罗斯联邦要求一份向外国提交申请的许可。确切地讲，该技术是在哪里开发的？我们最好深挖一下这个问题。

奥乌考斯基在美国已经18个月了，在研发和资金的世界里，这是一个很长的时间。他发表过什么东西吗？给投资人是如何进行演示的？他告诉了别人多少东西，在什么样的情况下告知的？尽管这个技术可能是早期的，但真蓝已经进行过能稍微挂上边儿的"销售"活动吗？不论其战略价值怎样，所有这些因素都将对能否得到专利保护产生影响。

假设这些细节没有排除专利保护的资格。现在可以来探讨支持专利和商业秘密的因素，并且看看它们如何在真蓝的情况中适用。

当然，到目前为止，作为CEO，你对竞争有了极好的感觉。竞争对手——住友电气、索尼、三菱、通用电气和大学——都是大玩家，考虑到巨大的利益和用于研究、生产的昂贵成本，并不奇怪你会存在这样的竞争对手，当然，这令你担忧。你设想住友高级材料部门肯定会拥有的装备：所有这些巨大的反应堆、库箱中有毒气体的仓储、有衣着白色防害服到处走动人员的静室,但当然,你只能设想,因为住友不会让你参观。而更令你担忧的是其他因素。

"迪米椎,"你问,"我们能辨别是否有人偷我们的商业秘密吗?"

"当然,"奥乌考斯基回答。"如果他们制造的水晶像我们的一样好,他们一定是在用我们的工艺流程。"

"你能这么确定? 我的意思是,该工艺流程在水晶上留下了一些信号装置的痕迹,以至于你能搞清楚它是怎么制作的吗?"

"只有我们的工艺流程能形成完美的水晶。没有其他。"

"现在?"

"是的,现在。谁能预测明天呢?"

"距离明天有多长时间?"你问。"我是说,在我们的竞争对手或者赶上或者发现不同方法制造出我们所制作的东西之前,有多长时间?"

迪米椎陷入沉思。"当然,这很难讲。我愿意是永远。当然,这很天真。有时,有其他人已经将问题解决,因为有可能别人很简单就能找出解决问题的方法。某一天,也许,有人将复制我们的配方。"

"我们的软件怎样?"你问,但这问题显然问得太迟了。迪米椎已大步走向实验室。

这段简短的对话给了你很多要思考的东西。如果你把这些配方申请专利,每个人都将知道它们,你的知识产权律师这样告诉你。当你提问是否可以合并专利与商业秘密,从专利申请中省略"秘制酱汁"而只给出一些一般指引的时候,你认为你很聪明,但实际上并不是的,特别是在美国。一项专利必须教导发明中全部的技术细节——所有的,不仅仅是部分,并且不仅仅是某人可能假定地操作该发明的方式。美国法律要求,在迪米椎提交申请的时候,必须披露他所知道的最佳方法,即他发现的最优配方①。专利与商业秘密几乎不能共存,通常要么选这个要么选那个②。

当往前18个月来看这个几乎不可避免的专利申请公开发布(甚至不可避免地发生在专利局审阅之前,所以不可能知道将提供的专利保护是否与被披露的主题相称)的时候,发明人需要教导技术细节的义务可能看起来特别可怕。但是,这个特别的恐惧是可以通过提前做专利审查员要做的事情来进行管理

---

① 违反"最佳模式"的严厉效果,因为2011年美国发明法案(AIA)的通过而被减轻。诉讼中被指控的侵权人不再能够因为发明人没有披露最佳模式而使所称的专利无效。但是,披露最佳模式的要求仍然是写在纸上的。——译者注

② 当然,专利可能与后来发展出来的商业秘密兼容,因为教导的义务随着申请的提交而结束。

的:进行文献检索以决定是否该发明实际上确实具有创造性。碰巧,真蓝公司的专利律师恰恰进行了这样一个检索并且以(相对)便宜的费用给你提供了令人鼓舞的结果。尽管任何检索都不可能十全十美,但你晓得,它是权衡专利过程的风险与回报的坚实基础。

所以,专利保护也许是可行的,但商业秘密也是一种选择。且选择是其中之一,而不是二者。目前,我们还没有取得很大的进展。

就像之前谈到的,一项法律权利的可得到性与维持它的能力不一样。除非真蓝能查明局外人使用它的工艺流程配方,否则披露这些配方的专利不仅仅是毫无价值的,该专利对商业也是自杀性的,它是发布给全世界的免费指导手册,但没有能维护其提供的排他性权利的机制。模仿真蓝的制造工艺流程并不会像指纹一样留下痕迹,也没有 CEO 能够窥视到其竞争对手反应堆室里的真实情况。正式的诉讼可能是撬开大门的唯一方法。但法庭的大门怎么样呢?除非你能在公共可得信息(或从不满的雇员偶发的提示)的基础上将其发展成能够让人采信的质疑,否则法庭的大门永远是关着的,而如果它们关着,你就没有诉讼的机会。

目前为止,商业秘密的方法听起来不错。真蓝可以采取措施把制造秘密包藏起来。虽然竞争对手可能自己想象得出迪米椎的配方,但是严格的安全防备和坚固的雇佣合同将阻止或至少妨碍配方从真蓝泄露出来。其他商业并不是这样。医药公司要保守其药物构成的秘密不会是免费的,因为政府管理者、处方医师,都坚持要知道药物构成的秘密。如果企业拒绝披露其制造的一款新的电器开关或路由器的设计方案,那么就不会有人购买,因为顾客必须被说服:该设备不仅仅像广告中的一样工作,而且将符合标准并与现有设备适配。换句话说,一些企业有披露其秘密的商业需要。

开始在你脑中形成的图像看起来像这样:

商业秘密	**专利**
发明是隐藏进行的,且无披露该发明的商业需要	发明已经被披露或者可能被他人发现,且该发明的披露是商业需要

另一方面,可能右手箭头不应该被不假思索地摒弃。当迪米椎说没有其他办法去制造完美水晶的时候,也许迪米椎不仅仅是夸耀。那么完美就可以作为偷窃的证据,专利保护也许是可行的。你可以携带竞争对手的水晶走进法庭,并争辩说品质本身可证明其制造人侵权。

进而,监督专利相关市场的能力不仅仅意味着洞察侵权,而且需要能够识别那些为数不多但财力雄厚的,具有主导市场能力的侵权者。这恰恰是真蓝运作于其中的市场补缺。再重申一次,很多其他商业没有这种优势。如果你有一项专利,专利涉及的东西任何人都可以在他车库里做出来,该怎么办?或者你有一项软件专利,而黑客可以复制该软件并把它送给你的客户?除非,根据制造商销售侵权产品的金额,推算出你能获得的赔偿已经超过了诉讼的高昂成本,否则竞争制造商一般都不是有吸引力的被诉讼标的对象。事实上终端客户不可能被起诉,除非涉及面极小,但不管怎样,起诉已有或潜在客户对商业从不是好事。所以,如果缺乏有助于维权的市场结构,专利可能都非常益于竞争对手而不是专利其所有者。(商业秘密,尽管在法庭上维权也不便宜,至少没有向任何人教导任何事。)对于真蓝,市场是一个支持其选择专利途径的因素。

商业秘密 　　　　　　　　　　　　　　　**专利**

难以洞察侵权行为　　　　　　　　　　　　容易洞察侵权行为

大型的、扩散性竞争前景　　　　　　　　小型的、集中式竞争前景

而且另一个支持对配方进行专利保护的因素是许可的前景。真蓝可能有宏伟的野心,但它并没有幻想自己可提供整个世界的需求——每年超过 10 亿激光。如果真蓝希望看到其解决方法在市场上被采用,它必须不可避免地保证向市场提供可靠、过剩的供给。向其他企业甚至其竞争对手进行技术许可的要求,看起来有实用主义的必然性。专利的许可更容易且比商业秘密少些风险:更容易是因为排他性是法律上授予的,并且不受制于披露带来的突然损失,而少些风险是因为第三方被许可人不需要被引入信任的圈子里。

商业秘密　　　　　　　　　　　　　　　　**专利**

没有进行技术许可的需要　　　　　　　　必然要将技术许可给第三者

"我们没有找到机会来讨论我们的软件,"你提醒迪米椎。

他耸耸肩。"有什么可谈的?它很出色,是的,没有它我们就不能生产水晶。但是……"

"但是?"

"好,它可以运转得更流畅些。我们在改善监控算法。并且,我们的神经网络方法只是可被使用的很多种之一。"

"等等,我想我们是第一个做这个的。你在告诉我它全都老旧了吗?"

"不,我们的实施方法是全新并且是原创的,但它同时也是一项正在不断改进的工作。一般性方法已经被知道很多年了,并且不管怎样,有很多方式去控制一个工艺流程。因为压力到达临界点并且天然气意外地从一个安全阀泄漏并引发爆炸,我今天几乎失去了一个手指。"迪米椎感叹道。"也许它不是那么出色,但它多数时间有效。"

"并且其他人没有它。看,我问你这个。如果有人搞清楚了我们的工艺流程配方,他们要用多久去设计你的软件?或者等同的东西?"

"这取决于他们工作的努力程度以及他们的聪明程度。一年,也许两年。"

"照顾好你的手指。"当你匆忙赶回办公室前,你对迪米椎说。董事会会议是明天。

真蓝的软件与其工艺流程配方明显属于不同类别。当你第一次就知识产权保护与你的专利律师谈话时,她认为你想把该软件进行专利,但保持配方为商业秘密。她告诉你,没人把半导体工艺流程配方进行专利保护,因为它们通常只是稍稍调整和优化,并且如果被获知就很容易被剽窃。然而,也许采取反向方法更有道理,并且把配方而不是软件进行专利申请。配方的专利是否被侵权可以得到监督,而神经网络软件则仅仅代表很多选择中的一种方法。

这么多变数。这么多对知识产权决策产生影响的因素。要采用哪种方法呢?

就专利你要知道的一件事是,它们需要时间:在不加急情况下,从审查流程开始到结束大约三年。显然专利只对至少具有几年(也许更多年)期望寿命的技术有意义[1],毕竟,一个专利权所有人必须能够就其投资赢取回报。但是,重点应该在于该专利技术的寿命,而不是一个特别产品的寿命。支持绩效改进或能力提升的主要创新,常常是通过多代短暂的产品而持续存在,因此,把专利决策孤立地基于任何单一产品将会减少专利保护的长期战略利益。

从迪米椎的评论中,听起来好像真蓝的软件控制在继续发展,并且可能在

---

[1] 符合此原则的一种情况是,"小专利"在一些美国之外的国家适用。"小专利"比传统专利的发布更快且更便宜。请参见第4章。但是,只有在少数情况下,才会影响专利与商业秘密之间的总体考虑。

专利发布之前就在最基础的层面被完全取代。此外,迪米椎现有的控制水晶生产的方法好像并不是唯一的方法。考虑一下:你得到一项专利,并成功地防卫了它所覆盖的领地,没有其他人可以使用你的方法。但是,除非选择专利途径是商业可行的唯一方式,否则哪怕你拥有的是解决问题的唯一方法,即使选择其他方法成本更高、耗费时间更长,别人也会选择开发一种替代物。因为,如果专利不能把竞争对手排除在外,或至少把竞争对手置于不利的市场地位,那就没理由为专利花费很多。

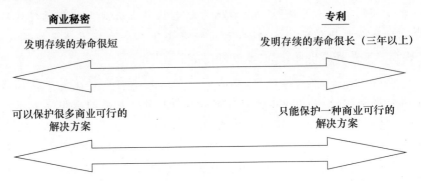

商业秘密	专利
发明存续的寿命很短	发明存续的寿命很长（三年以上）
可以保护很多商业可行的解决方案	只能保护一种商业可行的解决方案

最终,尽管你希望不会被迫用真蓝的知识产权去告别人,你知道你应该考虑诉讼对知识产权资产的影响。一个专利所有人断言别人侵权,一定是敢于让他的对手对该专利的有效性或可维权性进行挑战。并且,一旦(该专利)被宣布无效,它就丧失了权利;一旦专利被宣布无效,它就对任何人都不存在价值,胜利的被告远不是唯一的赢家。当然,在提交专利申请之前文献检索越多,并且专利披露越彻底,专利无法维权的风险越低。另一方面,商业秘密的所有人,必须准备向法庭和外部被告定义并披露商业秘密的细节——一般在防止专利进入公共视野的条件下,但没有体系是完美的。另外,商业秘密的所有人(不像专利的所有人)必须高度警惕地追查权利的滥用,因为不这么做可能会导致商业秘密地位的完全丧失。

这些风险令你觉得很有趣,但至少对真蓝来说有点只是理论上的,并且没有对在专利与商业秘密之间的决策产生严重影响。

"很高兴你终于做出了决定,"你的知识产权律师说。"听起来像是你已经考虑了所有相关因素。对配方进行专利申请,将软件作为商业秘密保留。"

"谢谢。"

"我敬佩不怕权利丧失的人。"

(权利)丧失? 她在讲什么?

"哦,对不起,"在尴尬沉默之后,她说。"(权利)丧失是商业秘密所有人被新进入者通过专利排挤破产的情况。"

"我没有明白,"在更多沉默之后,你说。"新进入者怎么可能阻止我们进行一直在做的事?"

"世界很疯狂,不是吗?但是专利法如此青睐披露,以至于后来的专利申请人在保护方面胜过较早的商业秘密使用者。专利申请人获胜,因为他愿意与公众分享他的所知,这是以商业秘密使用者为牺牲的。"

"好,如果我们也申请专利怎么办?"

"也许不可能了。你之前为了利益而使用该软件的行为,将阻止你得到该软件的专利。"

"等等,所以我的活动禁止了我,而不是新进入者?"

"我跟你说过这是个疯狂的世界。"

好,那是商业秘密的美中不足。被告知不能使用你自己的软件可不是好玩的。你阅读了这些材料,并且发现:两个(权利)丧失的概念——一是作为之前的用户,面对你竞争对手后来提交的专利,不能再继续使用你自己的商业秘密的风险;二是由于长期使用商业秘密,而无法获得你自己专利的风险——这两种情况在最近美国法律的变化中已经产生了不同的变化。AIA 已经改善了之前用户被后来申请专利所约束的情况,但并没有好多少[1]。因此导致了"防御性发布"战略的持续有效性:有公司常常给无名小报象征性地付点钱,以公开发布一些目前显得过于不确定或不经济的想法,这些想法不值得申请专利,但这种公开发布可能会在将来的某一天有用。早期的公开发布可以阻止任何人就一项发明获得专利——永远阻止。但当然,披露站在商业秘密的对立面。

上面第二种权利丧失——在寻求专利保护时因之前的秘密性商业使用而不能获得专利权,这个看起来已经完全不是问题了。如果商业秘密的之前使用真的是秘密的,专利法不再禁止商业秘密转向专利体系寻求保护。但是,除了颠扑不破的秘密,任何事都可能被认为是妨碍获得专利的公共使用,但前提是该公共使用在提交申请前一年以上已经发生了。此外,商业秘密被使用的时间越长,其他人不得不去研究同一解决方法的时间也越长。从权利丧失的威胁中解放出来的专利寻求者,仍然必须面对现有技术的问题。

长久而慎重地考虑了权利丧失及其最近逐渐消减的威胁程度,你认为将技术作为商业秘密保留可能是一个你能忍受的担忧。毕竟,每一个商业秘密都是

---

[1]　美国 2011 年 9 月 16 日颁布的新专利法,与之前有很大变化。——译者注

脆弱的,并且人们一直没有停止保留商业秘密。同样地,在专利与商业秘密之间进行选择的公司也可能会像你一样面临同样的权衡,并且最后也可能处于同样的境况,如果你决定把软件作为商业秘密去保护,你的竞争对手也将如此。

深吸一口气。董事会在明天,并且我们还没有考虑版权呢。

专利 VS 版权

将专利与版权进行比较一般意味着要涉及软件。只有极少数情况下版权才与其他形式的可被授予专利的主题重叠。例如,真蓝的配方几乎不受益于版权。写下配方的条件与过程,该文字将被版权保护不受复制,但其内容将不会被保护从而去阻止别人实施。而另一方面,真蓝的控制软件,可能同时受版权和专利体制的保护。

延展版权以覆盖软件,从来没有特别合适的方法。尽管计算机程序可以被人类看到并理解,他们主要的功能不是激发人类思想,而是指挥数字机器的运作。这个功利主义角色与旨在保护有表现力创造物的体系背道而驰。版权从来不是为了覆盖那些"做"某事的主题事项,那是专利的目的所在。专利体系仅提供有限时间的保护,并且设置了在排他权利被赋予之前必须满足的、严格的、具有发明性的标准。版权的期限,相对而言,很长(并变得更长),并且符合条件的标准极低。

版权很久以来一直在处理同时具有信息性和功能性内容的主题事项,并且版权覆盖信息而不是功能。例如,建筑蓝图在版权范围之内,但它们描绘的结构却不在版权范围之内。建筑师可以阻止对房屋蓝图的未经允许的复制,但不能阻止合法所有人实际建造房屋。形式是可以与功能分开的,因为蓝图的信息内容是独立于它描绘的建筑物的。而软件不是这样,与其仅仅描述机器的操作,软件更像机器本身。

然而,软件仍是受制于轻松复制和传播的书面工作内容——就像一首诗或一本书。在此意义上,选择版权保护是完全适当的:版权法主要是关于复制及其未经允许的使用的。

因此,把软件置于版权题目之下,通过有效地延伸软件至运转计算机硬件,颠覆了法律;软件的功能性(它所做的)与其表述性内容(它是什么)是不能分开的。但是,把软件从版权中排除,将忽略其文本属性和它可能被复制的容易程度。

当然,支持软件版权的决定已经被做出——既对于作为文本的软件(即程序指令和数据)也对于软件造成的屏幕显示。但是,潜在的张力持续存在,并且把自己表现在被实际赋予保护的程度中,尽管不是很多。要理解其中原因,首先考虑一下小说和戏剧是怎样被保护的。如果莎士比亚还活着以使其作品获得版权,他的羽毛笔既不能阻止其他人论说朱丽叶斯·凯撒的死亡,《西区故事》也不会侵犯《罗密欧与朱丽叶》。但是如果有人要复制的内容多于此剧情的基本结构(或主意),且窃用一些可被识别的引用和表达,版权法将会马上行动,并且具有充分的直觉性理由:为什么有人能够利用莎士比亚放入马克·安东尼嘴里的(精彩)对白而获利?去自己写独白吧。

书面与口头语言的丰富性使得马克·安东尼的讲演可以在不失真于基本剧情的情况下被设计成很多其他的版本。基于这个原因,只有复制某一作者对词语的特别选择才令我们觉得是抄袭。但是,编写计算机程序的目的不在于高昂的雄辩,而是把一份工作完成——去控制计算机的注册器生成,并推送数字比特。完成那件工作可能只有极少的方法。在这种情况下,依照版权要想阻止的原样复制(或者是稍作改变的复制),版权保护的将是该机器而不是该计算机程序。(事实上,这里的计算机程序,即正在被执行的操作。)

结果,当分析涉及计算机软件的版权诉讼时,法庭需要将程序进行一个初步筛选,以决定哪个成分符合版权保护的要求:不能以多种方法进行编码的部分被放弃;用于执行已定性任务(比如存储和检索)的普通的、基本的日常性程序也被放弃;由外界因素,比如,工业实践或标准,或硬件要求,而决定形式和内容的日常工作性程序也被放弃。上述这些放弃仅仅只是在代码层次上的。高层次的概念,比如,算法、数学等式和公式——解决技术问题方式的核心——代表纯功能(而不是表达)也完全处于版权之外。剩下的是中间地带,是法庭用以与被指控程序进行比较的创造性表达的核心。如果有与这些成分"实质性相似"的发现,以及被指控作者曾接触过该程序,将导致法院判决其侵权。版权的底线对实施的保护远胜于功能。实施部分越多并且复制越原样,被判侵犯版权的可能性就越大。复制一份微软办公软件,则版权责任一定发生。创造一个新的对真蓝的生产设备进行操控的控制程序,该情况就远不能确定,特别是如果这个新的程序是在没有接触过真蓝的软件情况下被开发出来的。

版权 —— 覆盖可被大量复制的、大型的程序主题

专利 —— 其价值在于特定的程序功能、算法

版权不仅仅覆盖计算机程序本身,还覆盖其输出形式(以至于该输出形式符合版权保护的要求)。例如,屏幕显示,代表在版权项下可保护的视觉作品,就像艺术品为可保护的一样。但是,法庭将对屏幕显示进行严格的分析,类似上面描述的,目的是把功能性特征从表达性特征中分离出来。屏幕显示既呈现面貌又呈现信息。输出形式如果采用的是应用广泛的惯例,或是从狭窄范围的可能性中提取出来的,在这个意义上,输出形式将得不到重大保护。尽管在这些情况下复制者可能要对大规模的复制承担责任,而微小的改变将允许他避免侵权的责任。随意的、艺术性的内容会得到相应更广泛的保护。

在欧洲存在一个既影响计算机代码又影响屏幕显示的重要转折,这涉及互操作性。欧洲版权法明确禁止那些可能抑制反向工程的限制,使得该程序能够实现与其他程序或硬件的互操作性。那意味着版权法将不帮助那些试图在他们的产品周围建设所有权保护墙的软件开发商,例如,用于阻止而不是促进竞争对手努力创立互补性或兼容性产品而被竖立起来的界面。

那么,版权的软件保护,在范围上是相对有限的。但是,不要以为版权范围之外的主题必然会落入专利体系中。尽管专利确实在相当大程度上保护了版权不能保护的主题,但是还有相当一些主题在专利体系之下仍然是不受保护的。

(1)抽象概念。专利体系不保护抽象概念,这几乎是没有争议的。就像之前谈到的,问题是所有发明在其本质上都是抽象的,所以如果我们不小心,禁止抽象概念可能变成排除一切。近来,美国法庭对抽象概念的要求变得很严格,特别是在涉及计算机软件的发明时。一系列最近的裁决打倒了发生在互联网上涉及广泛领域商业相关操作的专利,而这模糊了曾经相当清晰的界限。除了一些专门的硬件或对一个物理过程的直接表达,任何"仅仅"涉及数据处理的发明,例如,接收输入、加工输入并且报告结果,现在可能在美国专利体系之外。苹果公司仍可能获得控制智能手机的软件专利,但谷歌能够把新颖的搜索技巧进行专利申请吗?有多少已经授权的专利突然变得无效了呢?此问题的答案仍然将在一段时间内是难懂的。对真蓝而言,幸运的是,其软件控制了一个复杂的工业性过程,该主题仍是属于专利申请范围之内的。

(2)美国之外的软件。美国之外的其他国家,特别是中国和欧洲国家,要求可专利的主题在性质上是"技术性的"。上面提到的美国法庭最近的裁决,可能最终变为对技术内容特别严格的要求。不幸的是,目前没有国家对"技术性的"做出有用的具体性定义。但是,长期经验和相对平稳的法律标准使得不同国家的实践者,能有些信心去判断他们每一个特定的发明能否将通过法律的检阅。其他国家也以专利权利要求的形式来体现其重要性。例如,一个语法检查程序,当以方法而不是机器(即被编程的检查语法的计算机)去撰写专利权利要求时,特别如果此权利要求在分析语法的算法中引用了关键步骤,这种步骤被视为传递了技术性的内容。对比而言,美国法律忽视专利权利要求的形式,并且可能把语法检查从可专利性中完全排除:PTO(或法庭)可能认为,核证正确拼字的概念是一个"抽象概念",并且在普通计算机上实施语法检查(即便此技巧是非常具体和详细的)将不会使之符合专利申请资格。

依靠版权保护对真蓝是有意义的吗?也许不是。我们已经知道真蓝可以用不同的软件实现方法取得类似的结果,版权保护也几乎不能阻止其他人用不同代码(事实上,用完全不同的方式)做同样的事。相反的,如果真蓝的方法是唯一方法,它将完全处于版权法之外(如兼并问题)。如果你倾向于商业秘密,版权不能提供给你更好的选择。

版权 VS 商业秘密

这个容易。二者之间没有冲突,你可以全部拥有。版权同样适用于发表的和未发表的作品,以及以保护商业秘密形式发布的软件,例如,具有一个禁止反编译和反向工程的许可,享有全部版权保护,就像是一篇未发表的日记一样。总体而言,版权与商业秘密兼容。当诉讼被提起时(版权要求在哪里结束,而商业秘密要求在哪里开始呢?),需要进行一些分类处理,但是两个体系并不冲突。

事实上,这两个体系仅仅在关系到"备案"时才发生冲突。请回忆,为了在美国得到版权注册,在美国版权局存储一份作品副本是必要的,而这本身是侵权诉讼的前提。而你怎么能备案不想让这个世界看到的东西呢?答案是,这种备案要求足够灵活以允许保留商业秘密。版权局欢迎提交全部程序源代码①,也允许只提交最前和最后 25 页的源代码或也勉强接受只提交最前和最后 25 页的目标代码。有些人可能企图用不重要的或完全不相干的内容填充那些最前和最后的 25 页,但结果可能会导致一个有缺陷的注册。此外,备案的一个功能是建立所有权,这对那些注册时备案的内容偏离实际商业产品的人来讲带来了好处。

并非上面任一情况都与真蓝有很大关系。真蓝没有通过销售其软件而把

---

① 对于那些不熟悉此区别的人,源代码代表类似英语文字和句法且能被人类理解的指令;目标代码是翻译源代码至一长串实际操作计算机的二进制数字。

竞争对手引来的计划。但是如果真蓝选择把其软件作为商业秘密进行保护，版权也将伴随。

以下是总结出来的一些基本的选择偏好因素，它们指示出真蓝的技术在任何一个衡量尺度中的位置：

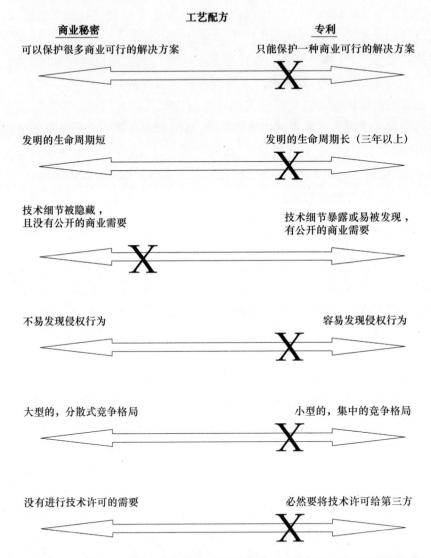

工艺配方

商业秘密 — 可以保护很多商业可行的解决方案

专利 — 只能保护一种商业可行的解决方案

发明的生命周期短

发明的生命周期长（三年以上）

技术细节被隐藏，且没有公开的商业需要

技术细节暴露或易被发现，有公开的商业需要

不易发现侵权行为

容易发现侵权行为

大型的，分散式竞争格局

小型的，集中的竞争格局

没有进行技术许可的需要

必然要将技术许可给第三方

鉴于针对真蓝技术的相关权衡已经被澄清，正确的选择已然浮现：把工艺流程配方进行专利申请，将控制软件作为商业秘密保留，并且接受版权的有限相关性保护。这样，难以驾驭的不同选择已经合并为一个有意义的方案，赢得董事会支持是小菜一碟。

38

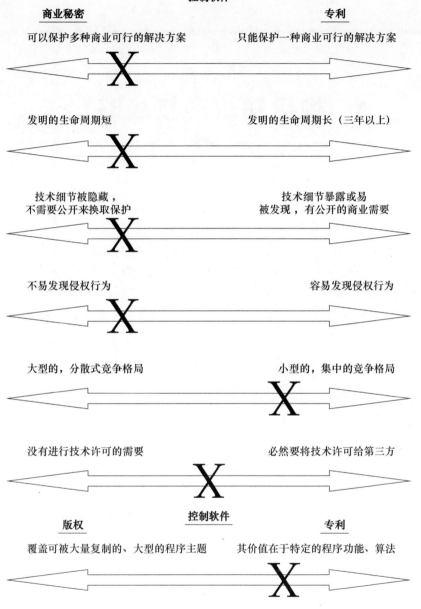

控制软件

商业秘密   专利

可以保护多种商业可行的解决方案   只能保护一种商业可行的解决方案

发明的生命周期短   发明的生命周期长（三年以上）

技术细节被隐藏，   技术细节暴露或易
不需要公开来换取保护   被发现，有公开的商业需要

不易发现侵权行为   容易发现侵权行为

大型的，分散式竞争格局   小型的，集中的竞争格局

没有进行技术许可的需要   必然要将技术许可给第三方

控制软件

版权   专利

覆盖可被大量复制的、大型的程序主题   其价值在于特定的程序功能、算法

第 3 章
构建知识产权战略

拿 H. L. Mencken 的话说，就像一条狗身上肯定会有跳蚤一样，一个技术公司必须有自己的专利战略。(Mencken 是在讽刺教授们及其理论，任何有跳蚤的"理论家"多半也会夸耀几个专利。) 但真相是，只有少数公司的知识产权战略是由商业驱动并能适应不断改变的环境；反而，大多数公司的知识产权战略沉溺于猜测并沦为惰性的牺牲品。

追求知识产权但没有战略的后果是足以想象的。专利成为昂贵的墙纸。一个随意构建的知识产权组合将最终偏离商业成功的基本，且它覆盖仅是过去的技术而不是未来的技术，而且并不能给竞争对手造成痛苦。令人生畏的专利数量或成本在战略上可能只是无用的装饰。

这种不好的状态是怎么造成的呢？ 一种极好的办法是把获取知识产权视为科学事业而不是商业功能。高级管理人员有可能忍不住把全部知识产权责任让给首席技术官；或者更糟，让给那些根据自己的预算和自由裁量进行运作的各自为政的工程师。此方法表面上看起来是明智的，因为那些了解专利和科技的人，以及管理人员已经应接不暇了。但是科学家常常探求有趣的而不是重要的东西，然而，最新的技术创造点可能只是造成欣赏性的感叹，但没有带来可通过知识产权实现的商业利益。例如，就像前面章节所述，如果其他次级独创性的但商业可用的解决方法仍存在，那么覆盖最具独创性解决方法的知识产权将是没有价值的。竞争对手将只需采用一种替代方法即可侧身回避该知识产权造成的障碍。

那些把知识产权视为技术人员要操心的东西的管理人员，实际上是把知识产权视为商品或做生意必须花费的成本，这只能导致比预想更严厉的竞争，缺少商业相关性的专利，以及对被许可人和商业伙伴越来越没有吸引力。那些尽管认识到毫无目的的知识产权项目的危害，但仍没有直接介入的管理人员，常常将问题抛给带着五颜六色 PPT 和预装战略模板的咨询师。管理人员希望避免参与，但没有他们的参与，这些"战略"只是徒有其表。然而，IP战略的重要性已经取得了一定程度的认可，也值得我们评论一些比较流行的风格以及它们适合什么。

"核心技术"战略提倡识别公司的最强项——其"皇冠上的宝石"，并且提倡以加倍的努力在这些领域获取基础性的专利。换句话说，如果你制造计算机芯片，那么就要在芯片领域获取所有你能获取的专利。"目标"战略以一系列圆圈包围该核心，并且依次对应优先级逐渐降低的区域。在评估了公司的产品线和目前研究方向之后，知识产权利用的候选区域被分配给某一优先级圆圈。靶心中，核心以外的第一个圆圈可能包括基础新技术的实施，或是在性能、易用、成本以及一些其他指标上优化以促进基础性技术利用的特征。另一个圆圈可能代表潜在的应用，再一个则代表递增的改进，以此类推。

"尖桩篱栅"方法对不同人意味着不同事情：对于谨慎的"元帅"，它意味着围绕一个主要产品申请成套专利，而不是从单一专利中要求过多；对于恃强凌弱的人，这意味着向敌人挑战，在竞争对手的核心技术周围申请专利。并且，作为一种战略撤退，它可能意味着在一个疲弱的核心科技周围设立障碍。换句话说，如果你不能在芯片上申请专利，那么可以在接口以及促进与之交互的通信总线上申请专利。在此典型方法中，"尖桩篱栅"看起来像是围绕靶心的一个目标环。

这些战略上的陈词滥调具有如同彩色画图本轮廓一样的令人安心的感染力——只要填充具体内容然后即看到灿烂的图片浮现。不幸的是，就像那轮廓一样，这些陈词滥调以过分简单化的方式描绘明显的图像，并且约束了在其所刻画的边界之外进行思考的能力。如果你不能保护你的关键技术，为了抵挡竞争对手，你将竭尽所能去保护你所能保护的。当然，你应该在各个项目之间排出优先级别。所有这些方法都存在有效性，并且都有它们的位置。如果你是在分割世界使之看起来像是一幅图片，而不是审查该图片是否有效地描绘了这个世界，那么你就是在找麻烦。例如，决定什么是中心的，以及什么是周围的，可能就是一个非常棘手的事情。"核心"技术通常指的是现在或将来对商业计划的履行而言，至关重要的任何事，其最终体现在现有产品中的创新或计划蓝图上的创新。但最终，关键内容与附件内容的区分仅是猜测的结果。很多明星专利是在模糊中产生的，而且在提交申请时看起来仅仅像是不重要的"界外球"。所谓明星专利也很大程度上取决于谁在进行排名以及它们的宠爱优先级，比如是商业还是技术优势，是短期还是长期价值，以及是从竞争对手角度去看还是从内部重点去看。并且，如果没有进行不断的审阅，任何战略都可能无法通过新颖性的测试,方法越简单化,隐喻越有诱惑性(给我建造一个防漏墙!),该战略越容易变为一种机械性操作,就好比头脑变为隐喻的奴隶而战略成为图片的仆人,不管该战略变得多么陈腐,它也不会被重新思考。

强大且平衡的知识产权组合战略的构建方法归纳起来就是:

知识产权保护必须全部地且一直地与公司的商业目的保持一致。

上述构建方法在图3.1上是一个非常简单的命题,但是就像我们将看到的,在实施中却不容易。这意味着,知识产权带来的机会总是存在于可追求的商业目的之外,并且不是所有商业机会都将对应知识产权机会。只有充分理解

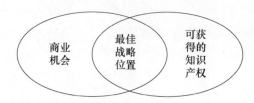

图3.1 将商业机会和可获得的知识产权结合对比

知识产权所能带来的战略好处,以及商业运作和市场目的的详细蓝图之后,才能识别出孕育知识产权的肥沃土壤。

知识产权能为你做什么?

在急于建立知识产权战略时,很可能会忽视这么做的原因。知识产权从来不是万能药,但知识产权在商业中扮演的角色也从来不是不言自明的。在高层面上看,那些角色可能既是进攻性的也是防御性的。首先谈进攻性:

(1)设立壁垒阻挡竞争对手。这是大多数人在寻求知识产权保护时所希求的东西。商业秘密相对竞争对手至少保证了先机,专利则是固定的、一段时间内的独占权,而版权的保护几乎是永远。像阻塞瓶颈的塞子一样的"阻碍型"知识产权,其覆盖可能的竞争对手为了竞争所需要的东西,提供了最高的壁垒,并且通过谨慎的操作可使其更为强大。

(2)在壁垒上装设收费站。想象一下,从非核心技术中衍生许可收入是非常有趣的。所谓非核心技术是指,你不打算利用的知识产权。这种意外的收获并不寻常。但是,甚至在某些情况下,还可以把知识产权的皇冠宝石许可给外国制造商或分销商、专业市场的开发伙伴、能接触到你所不能接触到的受众的任何人,或甚至各个角落,这取决于市场规模以及进入壁垒。

现在讲讲防御性:

（1）恐吓。相较于其他的没有知识产权壁垒保护的、"赤裸的"竞争对手，具有专利组合的公司是个不那么诱人的诉讼目标。反诉的可能性提高了该公司的筹码并且可能完全阻挡侵犯者，或至少作为和解谈判的杠杆。

（2）获取其他人的技术。如果你有有价值的知识产权，你就拥有了可用于交换的东西。

（3）阻止其他人阻止你的实施。如果你有用于交换的东西，也许你可以与阻碍型知识产权的所有者达成交易。进而，早期的专利申请日期不仅仅有希望给你带来有价值的保护，而且可以面对后来他人申请的专利时给你保护。（当然，简单的防御型的公开发表就可以取得上述后者的目标。）

还需要考虑的有以下几方面：

（1）达成交易。在与技术伙伴或合资企业进行商谈时，知识产权是你带到谈判桌上的东西。假设你现在希望与一个中间商合伙，而该中间商将把你公司的技术纳入一个商业产品。强力的专利组合不仅仅给潜在的合伙人带来市场独占权的前景（或至少带来针对竞争对手的知识产权杠杆），而且也抑制这些潜在的合伙人与你的竞争对手合伙或自己开发。

（2）知识产权作为资产。知识产权可以作为抵押品，作为潜在收购者的估值基础，能够给那些担心你公司是否有真材实料的谨慎的投资者以心理支持。

（3）客户可能坚持要求。是的，客户有时希望他们买的东西是有专利保护的，特别是购买金额巨大且集成成本高的时候；他们不想看到他们做生意的成本（受你公司产品的价格影响）被他们的竞争对手削弱，从而使他们变得劣于他们的竞争对手。

（4）政治。尽管知识产权不是用来被赞誉的，但是一些发明人期待这些赞誉。

描绘业务的特征

最容易把握任何新业务脉搏的方式是审查其商业计划。一份编写适当的商业计划书将展示市场与公司在全部循环体系中的位置，包括客户的需求、商品与服务得以具体化并达到客户要求的渠道、竞争性区别，以及公司带来的特别技能和专门知识。对于一个成熟的公司，这种解剖性的特征已经充分描绘出来了。初创企业必须尽可能现实地从之前的业务经验和工业研究中构造具体内容。一个有效的战略关键是具体性，因为知识产权也是具体的。例如，专利覆盖的是产品或制造产品的技术，而不是整体业务。那么，为了让知识产权能为其所有人做出贡献，要求对"价值链"活动（其为客户把输入变为附加价值的输出)进行详细的检查而不是粗略的广角快照。例如：

原材料→设计→制造→分销→客户→再循环/再利用,服务

通过在分段基础上考虑商业目的,知识产权的相关性可以针对这个链中的一个或多个活动而更坚固地建立。以此种方法,知识产权的贡献可以被置于适当的视角并被评估。

汇总

案例学习2 人类基因组项目已经完成,而它暴露了构成我们特征和事实上定义个性的全部DNA蓝图。科学家可以研究30亿个构成人类DNA的化学碱基对,即我们的DNA,以弄清我们怎样生长、为什么衰老,以及疾病的原因。这整体上是人类学的一个巨大成就,但你个人却对此不感兴趣。尽管每个人99.9%的(基因)序列都是一样的,而那0.1%的差别决定你对特定药物将做出怎样的反应,你是否将会有一个健康的孩子,是否会变秃顶或得老年痴呆症。要使用人类基因项目的技术去对你个人的基因组进行排序,你可能要贡献远多于你必须吝惜的基因材料,并且要等待远多于你愿意等待的时间(该项目耗费了13年)。

这就是为什么"荒谬小样本"公司(Ridiculously Small Sample, RSS)对于单分子DNA排序如此激动。如果一个完整的基因序列可以从一个或几个细胞的DNA中得以阐明,那么简单的脸颊刮擦或一滴血即可满足要求。如果该排序技术设计得很好,单分子DNA排序可以在几个小时之内完成。当然,这种单分子的堂吉诃德式想法,虽然比巨大的DNA数据密度要实际得多,但看起来是对大自然的直接挑战,而大自然是个强大的敌手。

因此,RSS提议以自然对抗自然,依靠活的细胞所使用的分子集成机器去复制它们自己的DNA。尽管常规排序技术把DNA分开,RSS随着新DNA的造出有效地窥视了该复制过程。此方法甚至允许单分子被解码,并且最重要的是,该方法可以在不同的部分进行并行分析。一个碱基一个碱基地排序一整串DNA,可能需要数月或数年;RSS的"分治"战略把该任务从亿级降低至千万级或更少的步骤,且可以在数小时之内完成。

RSS不是唯一追求单分子梦想的公司,但他们认为他们是第一家以这种特别方式接触这个问题的公司。他们的创新范围既包括基本技术本身,也包括化学试剂(即促进复制以可探测方式进行的"培养基"),还包括探测设备的设计。他们的商业计划书还在撰写。他们的选择是什么? 这些选择如何帮助形成一个知识产权战略?

44

RSS 在做业务、专注努力的方向和与谁（如果有）进行合伙方面，有无数选择。这些选择的优劣可以通过绘制价值链（图 3.2）而得到清晰的阐述。尽管有一天每个人可能都想带着存有他本人基因序列的 CD 回家，但更为可能的是个体就具体情况被测试，如易感于特别形式的癌症，或某种特别治疗可以成功的可能性，这些都对应着暴露内情的基因线索。一个接受实验者，例如，医生的病人，提供了一小部分组织或血液样本。医生就可以发现值得注意的状况，或可能详细说出相对应的一个基因或多个基因，但这更可能是别人做的，例如，进

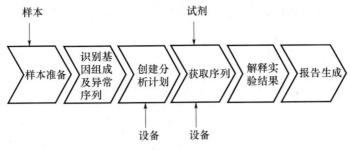

图 3.2　RSS 公司的价值链

行实际测试的实验室，或排序设备本身。病人的目标状况决定样本怎样被处理，并把序列分析范围限制在感兴趣的 DNA 区域以节省时间和"培养基（化学试剂）"。然后，将未加工的序列数据解释结果提供给医生。

RSS 的商业可能性是无限的。它可能选择去做任何事（接收样本，关起门分析它们，并且传输结果）或什么也不做（把它的技术许可给一个制造商并接收特许权使用费）。它可以向市场出售培养基（化学试剂）、设备。也许化学试剂很容易制造，并且它所要求投入的资本很小，但作为不可缺少的消耗品，能够提供稳定的高毛利现金收入。因此，以培养基（化学试剂）为制造目标，比设备更具吸引力，而设备的生产可能是高投入低产出的生产过程。如果 RSS 不进行实际的分析，这个任务会以现今的血液和组织测试的形式落入独立实验室吗？或每个医生在她的办公室都会有个序列器吗？

那么多前景，我们将不会涉及定义商业目标和开发商业计划的技术细节，但我们可以探索知识产权怎样影响关键决策。RSS 将其知识产权项目专注于价值链上的哪里呢？这取决于价值链上每个链接处获得知识产权保护的相对可得性。确实，图 3.1 中的"最佳战略位置"——可获得的知识产权与商业机会相交的地方，可能不仅仅指示着技术保护努力的方向，而且常常也指示着商业努力的方向。例如，解释 DNA 序列并报告结果，这种机械性的操作可能没有什么需要进行知识产权保护的。随着客户寻找最便宜的相关商品或服务提供者

时,市场将很快就变得不具有吸引力。进而,即便 RSS 能对解释 DNA 服务做一些有意义的知识产权覆盖,它是否愿意这么做？只有它坚定地在价值链中保护早期步骤,即核心排序方法,或许只是试剂配方,假设这些配方是核心的,RSS 才可能选择免费提供它的解释方法,以鼓励它的技术被广泛使用。样本准备也同上,这些可能代表 IP 机会,但商业潜力不大。

基因识别怎么样呢？忘记它吧。由于人类基因项目中基因与疾病的关系将可能是公众信息,这对 RSS 而言是一个好事情。那些基因与疾病的关系支持 DNA 排序的基本有用性。否则没有人会购买昂贵机器和化学品以进行仅凭臆测的工作。

令人感兴趣的商业机会将会围绕排序技术、机器和培养基(试剂),以及如何操作机器的步骤。这些是"核心竞争力",是 RSS 最受益的、区别于其他竞争的方式。假设专利保护在所有这些领域对 RSS 都是可得到的。RSS 应该干脆把所有视野内的东西都进行专利吗？可能,但首先应该考虑清楚其商业目的。

让我们说 RSS 对于主导世界是不顾一切的。它的目的是要制造所有机器以及制造所有试剂,虽然它可以慷慨地允许它的客户去用他们购买的培养基(试剂)进行他们自己的测试。那意味着 RSS 想要有一个没有收费站的安全的知识产权壁垒。可行的战略是什么？如果你是 RSS 投资者,那些想象中的高额回报可能给你带来天花乱坠的金融晕眩。当然,如果基本开发工作几乎完成并且机器也不是太难以制造,RSS 可以构建销售额逐年上升且最终达到市场霸权的试算财务报表。但在现实世界中,此战略将承受不住野心的重量而坍塌。

首先,主导世界范围的知识产权简直是不现实的。如果你是个大医药行业玩家,每次你开发一个有价值的产品时,也许你都可以花费百万美元在全球范围获取专利权。这里我们已经假设 RSS 可能能够从多个不同的层面保护它的技术。考虑到 RSS 研发的开拓先驱性质,这使得所有的专利保护看起来都像是唾手可得的,RSS 将可能在每一个技术部分提出几个专利申请,并将它们进行翻译,从而在所有的地域市场提出无数专利申请——而所需要的花费只要是有点头脑的人都会望而却步。

维权甚至更加不现实。每一个可行的知识产权战略必须考虑争议的可能性。技术越热门,该技术的所有人越可能被迫去追击侵权者。一个公司对知识产权维权的财政和心理能力必须与其市场野心相称,以免它被竞争对手超过。全球性的维权,甚至比取得可维权的全球知识产权地位更不实际。

但是,当前最适合者不一定总是最适合者。时间是所有一切的最大敌人。在一个理想世界,最佳质量将把最好的科技推至市场的顶端。在现实世界,当有机会但未被利用,市场仍将继续向前迈进。以完美解决方法引起市场注焦后不能实现,或没有及时实现,那么市场将找到另一个宠儿,甚至是一个不那么值得宠的宠儿。公司的墓地回响着"最佳品种"技术的号哭,由于其迟缓的脚步,它输给了更灵巧的次品。一个不合时宜的诉讼可能有同样的效果——它抑制客户去采用"有法律问题"的技术,更何况既便是最热门的解决方法也会在人群蜂拥的阵风中快速冷却下来。市场越大,它将吸引的竞争越多,并且随着众多的竞争对手设计出优越的产品,今天的最佳品种也可能成为明日黄花。如果RSS 一意孤行,很可能作茧自缚;特别是对经验缺乏的新公司而言,市场的进入和大量快速的生产将是非常困难的。一个隐含在不现实战略中的小延迟,可能即是 RSS 的毁灭。

在与其资源适合的高毛利和小资本投资的假设基础上,一个更现实的计划可能是 RSS 去制造并销售培养基(试剂),但是把排序技术的使用进行许可输出这个决定也只能更多地代表方向而不是战略,因为有很多方式把(排序技术)进行许可输出。在生命科学领域,传统的方式是与工业巨头合伙,让他们进行产品开发、营销并且挤压竞争,换来的是许可使用费或股权。我们将在第 7 章对这种安排的技术细节进行更多探讨。现在,要紧的问题是这个商业战略,如果被采纳,能为知识产权战略带来什么。

(1)进行专利检索。专利局不要求你进行检索,检索完全是自愿的。但是,基于第 2 章讨论的原因,检索对许可战略是至关重要的。对于被许可人,你的专利不仅仅是你带来的唯一内容,而且是被许可人对抗市场冲击的唯一防御阵线。被许可人清楚地知道他受制于你的专利保护程度,并且他将比你做得更好,或至少对于缺陷无法责备其他人。你的工作是打消被许可人的疑虑,并说服他们你已经采取了非常理性的预防措施去确保专利优势。该措施以高质量的可专利性检索为开始,检索最好由专家进行,然后由你的律师进行详尽的分析。

(2)为宽泛的保护范围而奋斗。你当然希望就你的核心技术得到最为宽泛的保护,无论你是否要把它进行许可。谁不会呢?但是记住你不是在给市场创造一个产品;而你的被许可人是。这意味着你不知道真正最终可销售的产品将采取哪种形式,这一点你的被许可人目前也不知道。你必须提供的是一种坚实的感觉,即当你的专利授权时,它们的保护范围将足够宽,以能覆盖你的被许可人可选择的现实性实施。那意味着宽泛的专利权利要求,和支撑这些权利要求的令人信服的专利检索分析结果。

(3)特定领域覆盖。在许可的世界,知识产权可以根据定制被切片切丁:

根据区域、产品类型,以及市场,并且也许最重要的是根据使用领域。那意味着RSS可以把专利(或甚至专利的某单一权利要求)许可给一个公司进行癌症筛查应用,并且许可给另一个公司进行针对可遗传的疾病和状况的测试。确实,RSS可以把市场进行更进一步的划分,将某一特殊状况开发产前和产后测试的权利给予不同公司,这些可能性在理论上是无限的。实际上,RSS通过比较被许可人之间的相对能力和优势,决定许可人数量以及每一个未来的被许可人的要求程度。切记,不要把所有的权利都许可给一个仅擅长于某些事情的公司(被许可人可能会要求宽泛领域的使用权,而这种要求可能很难拒绝,即使RSS希望能有多样性的被许可人)。尽管很宽泛的专利权利要求可以通过合同性协议有选择性地进行许可,但如果专利本身包含有涵盖特定领域的权利要求,市场划分常常更容易取得。这是因为未来的被许可人倾向于根据专利而不是技术进行思考。能明确特定领域(在某种程度上)的专利可以不需双方再去定义特定领域从而减少谈判,并且可能激发被许可人的信心,因为它关心的特定市场已经明确地被覆盖①。

(4)保留国际申请的权利。也许因为缺乏资金(在大转向并建设试剂的生产设施之后),RSS试图把获得专利的努力局限于它的原籍国或地区。这是一个巨大的错误,因为RSS本可以以PCT申请的价格为被许可人保存其向外国申请的权利。该权利一旦失去,将不能被恢复,并且这种权利的缺失可能严重影响被许可人对RSS价值的看法。

(5)识别第三方权利。许可允许RSS的客户去使用RSS所拥有的知识产权,但其他人所拥有的权利会怎样呢?被许可人希望他们在服务市场中的活动是完全自由的,不受限于其他的利益攸关者。许可人应该检索文献去发现互补的或覆盖范围重叠的专利(我们将在以后涉及这么做的程序),并且企图去收购它们或至少与它们的所有者进行合伙,以给未来的被许可人提供一个完全的权利包。

(6)独辟蹊径的覆盖范围。虽然一般不值得把知识产权和时间耗费在奇怪的领域或与之相关的时髦商业中,但是在这方面许可人可以不像商业玩家那么吝啬。许可人的"产品",即他必须销售的东西,是他的知识产权。一旦参与

---

① 记住,每一个专利权利要求独立存在。假设一个很广的(专利)权利要求就不同的应用被许可给三个被许可人,A、B或C。被许可人A针对侵权的竞争对手提起诉讼。不幸的是,该竞争对手在诉讼过程中成功地使专利权利要求无效。在这样的情况下,被许可人B或C很不幸。他们的专利保护与A的一起蒸发了。如果B和C已经在不同特定应用的专利下受到许可,从另一方面讲,他们的权利就不会因另一被许可人的诉讼的变幻莫测而受到影响。确实,特定应用权利要求根据定义比范围广的权利要求不那么容易受攻击。请回忆:权利要求越窄,它对于敌手越是较小的目标。

到一项进行中的保护程序,许可人就可以以微小的成本将覆盖范围延伸至不寻常的领域。

进行许可的另一个方法就是为行业标准化做贡献。任何单一被许可人,不管生意做得多大,都不能控制任何规模的全部市场。而通过一个标准化组织(或不那么正式地)使技术适合所有人,这样许可人就能触及整个市场。当然,前提是人们喜欢该技术。为了吸引广泛的行业人士采用该技术,它必须是能够激动人心的,并且许可的价格足够低。但是,一旦关键的临界值被跨越,标准化运动即变得自我强化:客户和互补产品的制造者对于供应商采用东西的期待,会迫使其他供应商也采用同样的东西。在电话通信和互联网错综相连的世界里,标准设定已经变成标准操作流程,其中各产品的兼容性对整个行业而言是必须的;经过验证的标准化组织继续成长并繁荣,其既管理批准又管理许可实践。但是相似的市场效果发生在紧密地互相依靠的信息科技世界之外。例如,在生命科学中,聚合酶链式反应的技术(它在样本中增加 DNA 的数量——这正是 RSS 能够避免的过程),已经能够常规实验实践并且为它们的原创者赢得了财富。即使缺少大的合作伙伴,如果市场还可以接受 RSS 的技术,RSS 也将会去考虑这个方法。当然,RSS 必须自行肩负行业范围内许可项目这一重担,这很有可能引起诉讼,这些负担可能会给 RSS 业务的其他方面造成压力,消耗其核心资源并且使 RSS 偏离进一步的创新。

现在我们转向试剂销售。作为消耗品的卖家,RSS 必须像商业玩家一样思考,而不是仅仅当一个被动的许可人。战略性的思维模式是不同的。对供应商,知识产权代表一道防御线而不是一道业务线。那意味着,关于涉及试剂的知识产权,RSS 必须以最低的成本努力争取最大的价值。以下是指导这项工作的几个基本原则。

(1)覆盖你的核心市场。试剂相关的知识产权应该只延伸至重要市场,下文会进一步详述。在外国保护很容易做过头。

(2)覆盖你的商业实施。是的,你希望得到宽泛的保护,并试图保护每一个可能的设计选择。但是知识产权覆盖的重点还是应该放在你实际销售东西上。最可怕的竞争对手通常会选择复制你的产品而不会选择变通方案,因为选择变通方案意味着需要付出更大的成本。你必须选择相对狭窄的保护范围来对你的产品进行强有力地保护,以挫败那些紧跟其后的人。切记,专利覆盖的范围越宽泛,其在面对专利无效的攻击时,就越脆弱。

(3)对许可保持警惕。一个重点清晰的商业计划需要排除的内容不比其所覆盖的内容少。一个创新的全部潜力,总是远远超越其原创者对其的预估。

其他人有可能会开发出原创者也不能做到的东西,基于以上的考虑,知识产权战略的构建方向应该将许可这种方式纳入视线。然而,供应商以产品销售为主要目的,而不仅仅是进行许可,甚至在某种程度其并不参与许可,所以产品的成本核算除了将销售成本列入在内之外,还应考虑保护产品中知识产权的成本。这就像是彩票:只有在市场潜力巨大能够轻易识别被许可人时,彩票的成本才是花的值当的。作为业内人士,供应商可能比被动的许可人更能接触到潜在的被许可人。对于卖家,理想的许可游戏是一单只有资源可得时才成为商业计划的生意。在那时,记住:没有购买彩票(或至少进行过防御性的申请)可能使竞争对手依靠其申请的外围专利将许可人拒之门外。例如,假设 RSS 在谱系或种族本源的调查中识别了它的试剂和分析体制的有用性,发现这并不是具有大批热切的被许可人的大市场,另一方面,RSS 发现了其试剂能够用于其他商业性相关的排序技术,选择将其进行专利申请可能会打开更多的市场,那么 RSS 就没有必要押注于一项权利要求。

(4)使专利之火继续燃烧。一个专利申请只限制于一项单个发明,这是专利程序的一个近乎普遍的规则;违反这个规则的权利要求被"排除在该申请之外",其必须以单独的、平行的"分案"申请形式进行申请。美国把这个规则又推进了一步,允许申请人在原始申请的基础上重新提出新的、所期望的权利要求,只要这些权利要求被原始申请文本所支持。这些"完全延续性"申请及分案申请保留他们的专利申请的原始优先日期①。进而,提交完全延续性申请,或完全延续性申请的分案申请,或分案申请是可能的,但是不管是何种申请,其专利有效期均是自最早的申请提交日起算的。这为制定完善的战略提供了机会。将完全延续性申请或分案性申请搁置,留着备用,则允许专利所有人对出现在市场中的新威胁或机会做出反应。如果竞争对手企图通过在专利权利要求中利用词语的细微差别围绕专利进行设计,专利所有人可以提出延续性申请,而它具有更紧密围绕新产品核心技术的专利权利要求②。如果一些核心技术的外围使用起初不值得单独申请专利,它仍可以被描述在申请中并且在以后的完全延续性申请中再申明其相关的权利要求。至少,它的公开发表将阻止其他人获得先发制人的专利保护。

---

① 美国还设有"部分延续案"(CIP)申请,它包含原始申请的文本以及新的元素。这种"部分延续案"申请通常被用于覆盖改善,并接纳不一致的优先日期:原始申请的提交日期(针对从该原始申请中提取的元素),和 CIP 自己的提交日期(针对新的元素)。

② 由于一些最近的法庭决定,有些不确定性现在弥漫于此战略,但只有一点。只要美国法律认可延续性的实践,该战略可能继续可行。

（5）越多越好。在所有其他条件相同的情况下，显然，专利越多越好。本不应该如此，因为专利是专利权利要求的集合，且每一个专利权利要求应该独立存在，不管它出现在哪里。但是，事实上，对于法官或陪审团而言，如果已经判定某一专利权利要求无效，法官或陪审团可能会对任一从属与该权利要求的权利要求产生先入为主的偏见。换句话说，一个专利权利要求的无效，能拖累另一个没问题的权利要求，所以专利的存活概率能随着专利数量的增加而改善。并且，就像之前谈到的，侵权的救济不取决于被侵犯的专利权利要求的数量；侵权一项与侵权很多项（权利要求）是一样的①。当柯达宿命般地踏入即时成像领域时，毫无意外地踏上了宝丽来提前布置的专利地雷，地雷的密集程度，使柯达面临约 10 亿美元的诉讼——尽管最终柯达无效掉宝丽来的多件专利，但还是被判侵犯了 20 项专利权利要求。在一个专利中覆盖多个发明，与一组单个专利覆盖单个发明的专利群之间，成本差别不言而喻。造成这样的成本差别，是因为专利局的限制程序，是不能避免的行政性问题。因此从战略性角度，一组瘦而专注的专利几乎总是优于一个浮肿的孤家寡人。

（6）识别第三方权利。制造商以及许可人，必须时刻留意其他人的权利，尽管原因不同。这里需要注意的是，在潜在的威胁恶化成灾难之前，如何发现和减轻这些问题。一个生产新产品的供应商，在将要装船时发现自己不得不接受限制性订单，将会非常懊恼。而他的客户将更加懊恼，有可能选择离开且不再回头。对于许可人而言，尽管具有潜在威胁的第三方也拥有相关的知识产权，但是其地位是可控的，在发现其拥有相关专利后，及时围绕其专利进行设计，或者将它们无效掉，或者把它们进行许可。

国际维度

在国际上进行专利申请，如我们所见，开展得缓慢且昂贵。但是，由于专利的权利保护停止于每一个专利发布国家的边界，任何严肃的国际销售或许可必须考虑相关的专利覆盖的要求。

任何向外国寻求专利保护的项目都必须先找到那些专利保护的经济价值超过申请成本的国家，然后在可行预算之内将这些国家区分优先次序。基本的选择标准应该包括：

---

① 这是建立在具体产品具体分析的基础上的。例如，如果较少的产品侵犯了较窄的要求而不是侵犯了广泛的要求，那么无效掉广泛要求将降低可得到的赔偿。要点是，如果一个既定产品确实侵权，它侵犯了多少要求是不相关的。

（1）覆盖预期市场，而不是潜在的侵权场所。

（2）保证该主题在每一个感兴趣的国家是可授权的。

（3）重点考虑那些"能在18个月内能够产生较大收益，或存在现实的许可合伙人"的国家。

（4）重点考虑那些"具有令人满意的维权环境，且专利侵权可被检测出来"的国家。

让我们一个一个地审视这些标准。在有预期市场但会发生侵权的国家，采用知识产权覆盖的方法，就像是用手指堵住泄漏的堤坝，而不能对洪水做些什么，由于侵权的根源并没有受到攻击，所以在这样的国家，市场覆盖不可避免地是不完整的。在侵权者流行的国家，针对侵权并不会提供有效的法律追索权，所以侵权泛滥但得不到治理。例如，台湾的制造商，在官方制裁的第一个暗示后，就将生产线进行搬迁，其速度和隐秘性方面是传奇式的。诉讼人在印度所面对的司法积压和长期推延，同样是闻名的。此外，在这个即时全球通信的时代，侵权者可以轻易地从一个国家跳到另一个国家。因此，与其选择猎捕踪迹难寻的蛇鲨，不如在你主要市场的边界对专利侵权进行阻拦，这通常更容易。

要想禁止侵权的进口，就需要获得海关当局的帮助，而这样做的程序每个国家都不一样。在美国，一个美国公司可能针对专利、版权或商标的外国侵权者通过美国国际贸易委员会（ITC）发起诉讼。该过程完全像联邦诉讼一样繁重，并且在某些方面会更繁重。一个ITC诉讼，部分是行政调查，部分是审判。第一，指控者必须说服ITC去发起此案件，并且在说明侵权的精确性质的同时还要证明它对国内产业的危害性影响。一旦ITC介入，ITC——更具体地说，它的调查人员——本身变成诉讼的一方，并且这个案件本身在ITC的控制下无情地推进，指控者不能喊停。例如，他不能决定放弃诉讼或选择和解。诉讼包括全范围的法律取证的措施，而这些措施与听证和审判都是在紧张的日程下进行。大多数调查在一年之内彻底解决。

金钱赔偿在ITC诉讼中是不可得的（如果为了金钱赔偿，可以在法庭上寻求平行案件），但是其对侵权的制裁将使侵权者心惊胆寒：由美国海关执行的排除令，禁止货物进入美国。此外，在某些情况下，排除令在性质上是"整体的"，它覆盖了某一特别国家货物的任何来源，而不仅是在调查中被识别出来的特定侵权者。

对于仅仅涉及注册的版权或商标而不是涉及专利的主题，美国海关服务部门提供了绿色通道用于阻止进口。"备案"程序允许知识产权所有人在海关记载它的注册并且积极协助它的代理人去识别且禁止侵权性货物入关。这个程序针对制止那些已引人注目的伪造商品特别有效。

在其他国家,作为知识产权所有人要求没收或在法庭成功诉讼之后的回应,海关当局会阻止侵权性货物的进入。在欧洲大陆,作为一个由多个单独市场和多个主权国家组成的地区,其具有联立的(偶尔自相矛盾)身份,这时情况变得更为复杂。罗马条约支持并基本上定义了欧盟,并且受托管理货物在欧洲国家的自由流动。但是,如果一个产品在某些国家有专利,但不是在这些欧盟国家,情况怎样呢?对于欧洲以外制造的侵权性产品,答案很简单:在专利被侵犯的国家,侵权性产品被阻止进入。对于欧洲以内制造的侵权性产品(即在专利还没有被申请的国家),问题更复杂些,特别是如果专利所有人已经自己把货物放在了非专利国家的市场上。此种情况可能发生,例如,如果一个公司在欧洲全部国家进行销售,但只在某些欧洲国家获取了专利。在这种情况下,把其在全欧洲做出的营销努力与选择性的专利侵权执行进行协调,可能是非常困难的。

要注意的是,上述只是普遍的标准,而不是固定的规则。阻塞市场的战略假设:主要市场由侵权者可能设立商店的几个国家和广泛开放的世界所构成。例如,就 RSS 案例而言,那个图景可能是准确的。可能的竞争对手可以在几乎任何地方设立试剂实验室,但培养基(试剂)只用在足够富有并且负担得起复杂排序设备的国家,如美国、欧洲国家和日本,而其将理所当然地构成市场的主要部分。

相反的情况会发生吗?潜在的生产性地域,与购买性地域相比,会越来越少吗?对于我们在第一个案件学习中真蓝公司的朋友,那很可能是这种情况。如果真蓝的晶片要求高端半导体制造设备,而其需要数十亿美元去建造,这些设备干脆将不会存在于除中国、美国、日本和新加坡等之外的国家。另一方面,使用蓝色激光的消费电子产品市场是全球性的。如果真蓝决定为其流程配方进行专利保护,它可能非常希望把制造性国家置于外国知识产权保护优先级名单之上,而消费性国家次之。不寻常的市场结构要求战略的改变。

医药公司所面对的情况可能是最差的——市场广泛,且能够制造药物的国家又多。这就难怪他们必须就世界范围内进行专利保护花费巨资。

现在来审视第二个标准。就像在第 1 章提到的,不同国家的专利法反映当地政策。美国已经允许了商业方法申请专利。几乎所有国家对覆盖医药技术的专利(或专利的维权)施加了某些限制。在一些国家,禁令一直延伸到医药成分领域,而不仅仅是使用领域。分歧也可见于生物科技领域,特别是那些涉及有机体的领域。最自由的政策则再一次出现在美国——人造生命在美国可能被申请专利。计算机软件,尽管大多数国家的专利体系理论上是排除直接覆盖软件的权利要求(除了那些在美国的自由主义者),但是可以在大多数情况下通过有技巧的撰写而获得保护。重要的是,由于专利法律是不断演进的,在首次进入外国时需要对相关专利法律进行研究,并时时关注其发展动态。进行研究并尽早就国际战略做出规划,而不是当改变商业方向太晚时才对现实做出反应,从而可以回避意料之外的知识产权路障并强化成功的整体前景。

专利申请的资格标准中的一个近乎普遍性的规则是"实用性",有时也被叫作"工业适用性"。此"实用性"禁止永动机,因为永动机是不可行的(并且根据定义是无用的),而且也禁止那些仅为了满足好奇心、缺乏直接商业性或工业性应用的研究。研究中的有用性是不够的;专利不是钓鱼的许可,而是抓到鱼的回报。实用性的要求在医药领域特别凸显。在医药领域,所有潜在的新药在其能显现功效之前,都是好奇心。在动物身上证明了有益的效果可能满足兽医应用的实用性要求,如果能够在动物和人类反应性之间建立起充分的一致性,则该有益的效果可满足人类应用的实用性要求。否则,可能要求临床数据来支持其对人类的效果①。

研究工具又怎样呢?比如应用于使 DNA 垂直以定位基因或其他感兴趣部位的探头?当然基因有实用性。但是探头也有实用性吗?大多数专利局把研究工具视为缺乏必要的实用性,除非它们具有独立的诊断价值,即可以被直接用于探测基因异常或其他状况,而不是仅仅作为在未知 DNA 领域要钓捕的诱饵。所以被用于定位已知的且临床功能显著的完整 DNA 序列的探头,也许是可专利的,但是如果 DNA 序列是未知的或缺乏这种临床功能,把该探头进行专利申请可能会失败。

第三个标准是向外申请时外国的选择标准:青睐那些生意可能很快实现的国家。希望是美好的,但是它不会支付那些申请费、翻译费以及年费,而这些是今天必须要缴纳的。关于销售可能发生的地点、时间和程度,请现实一点。PCT机制有助于推迟初始的重大成本,提交过多 PCT 申请耗费资源,而这些资源最好用在国内专利权利的开发。当然,这个问题是重点之一,而不是一个完全的选择。外国专利权利既不应该被如同教条般被回避,也不应该被不加质疑地包含进去。商业计划的方向是知识产权战略中所有问题的北极星。例如,市场战略主要倾向于许可的公司,应该试图从其未来被许可人或收购人的角度看待优先级别,比如也许应更加着重于外国的知识产权权利,而不是那些挣扎着要成

---

① 临床数据一般可以在申请之后在审查阶段提交,而不影响优先期,没有理由把申请提交推迟至得到临床数据之后。

为制造商的公司。

类似地,尽管常识上讲,专利权人一般会偏好那些具有优惠的知识产权执行政策的国家,但现实常常相反。主要市场必须被保护。一个国家是否能够实现对知识产权的有效维权,可能会影响是否在当地做生意的决定,但是一旦决定已经做出,则必须强有力地推进知识产权工作,并要不计后果的进行专利维权;另一方面,在对国家进行优先级别排序时,应该偏好那些专利维权有力度的国家。

现在让我们后退一步。我们已经讨论了赞成或不赞成外国保护作为商业战略的因素。如果采用相反的视角,是否可以考虑只进行国内保护呢? 很多公司,特别是那些主要市场是美国的公司,自我满足于地方保护而不是国际保护,其原因有两个:第一,对于多数产品来说具有绝对规模的美国市场,几乎不可能被放弃;就像美国公司被充分建议寻求国际市场一样,外国公司若在美国没有销售市场,则很少能够取得显著、可持续的增长。那意味着有效的美国知识产权组合可能不仅仅阻止外国公司进入美国,还可能完全阻止外国公司进行竞争。第二,就像第1章所述,美国专利法有时具有治外法权的影响,而该影响覆盖发生在国外但是在美国国内有效应的活动。显然,这与具有外国专利是不一样的。但是,如果竞争对手可能从美国接触外国市场,或如果外国竞争对手的活动以某种方式牵连美国,这些治外法权的法律可能就是仅次于最佳的选择。

事先警告:此分析有点涉案,而怯懦的读者可能希望跳过去。但如果你计划依靠这些法律条款做事,请不要跳过。它们将是你在购买之前希望能够仔细试穿的全套服装,把该全套服装搞错意味着赤裸着出国。

第一个治外法权的条款,美国专利法第271节(g)款①,在美国进口、销售或使用在美国之外根据美国方法专利而制造的产品,构成侵权行为。换句话说,尽管美国方法专利通常只覆盖该方法的国内使用,但是有了这个条款,可以阻止人们通过在国外执行该方法后,在美国商业性地利用其结果而绕过该专利。

让我们看这将怎样影响真蓝公司。他们制造晶片,并从晶片中制造蓝色激光,而蓝色激光是用于DVD播放机到大容量存储器的消费和商业产品。如果真蓝成功地把创造水晶以及制造晶片的流程配方申请了专利保护,以此来隔离竞争对手的话,那么在如此之大的美国市场中,这么做反而会对真蓝的产品进入市场造成严重损害。

如果国外的竞争对手使用真蓝的配方制造晶片,并且把它们变成蓝色激光

---

① 精确地说就是35USC Section 271(g)。

在全世界销售,怎么办呢? 看起来真蓝像是有麻烦了,因为所有的加工活动都发生在国外,超越其美国专利保护的范围。但是,事实上,第271(g)节允许真蓝大步进入ITC并要求暂停进口以其配方专利为基础的设备,同时有效地把专利保护影响延伸至美国境外的活动。但是第271(g)节确实包含几个例外:第一,它将不覆盖那些"被后续程序(未专利化的)实质改变的"产品;第二,它将不覆盖一个"变成另一产品的微小且不重要的成分"的产品。

让我们先审视那第二个例外。如果真蓝的竞争对手不把晶片运至美国,反而把晶片卖给韩国激光制造商,而韩国激光制造商利用晶片制造激光产品并将激光产品卖给美国进口商,则这个例外可能对真蓝运作不利。它取决于"微小的"和"不重要的"那两个词的适用。作为激光的心脏,晶片当然不是"微小的",但是,如果存在非侵权替代品,也许它就是"不重要的"。

现在假设真蓝的国外竞争对手把激光卖给一个美国公司,而该美国公司使用激光作为一个全部DVD系统的微小的和不重要的成分——我们姑且退而承认激光作为成分的看法。第271(g)节尽管不能阻止该系统的制造,但仍可能被用于阻止激光的进口,即真蓝可以起诉其国外竞争对手,但是因为那第二个例外,不能起诉美国DVD制造商。

第271(g)节的另一个例外意味着,当真蓝的晶片被制成激光,如果晶片被实施了实质性的改变,那么激光的进口将不构成侵权。当然,在设备制造过程中,晶片可能发生很多情况。但是,如果它的基本结构在制成的设备中存留,第271(g)节适用的可能性仍然很高。

法庭最近已经附加了第三个例外,尽管该例外和真蓝不是特别相关。第271(g)节适用于制造方法,但不是使用方法。它将不延伸至设计或发现某种东西的方法,例如,如果一个筛查新药的美国专利的方法在国外被利用,第271(g)节不能被用于阻止美国去制造作为结果的药品,因为其距离实际被专利保护的内容还有很多步骤。

现在,让我们切换一下我们的事实。假设,经过了变幻莫测的专利确权过程,真蓝最终得到了覆盖使用他们晶片的激光的专利,但不是对晶片本身(或制造它们的方法)的保护。如果美国竞争对手准备出口晶片,而该晶片是使用真蓝的未得到专利的技术由海外生产线制造成美国专利确实覆盖的激光——即如果那些激光在美国被制造或被使用,则(美国专利)将会覆盖,情况怎样呢?在这种情况下,另一个治外法权的专利条款——第271(f)节可能适用。这个条款也覆盖侵权活动发生在美国之外而不是在美国之内的情况,但是这些情况涉及的是产品而不是方法。第271(f)节阻止竞争对手在美国销售未取得专利的美国专利产品的元件——这些元件可以被在海外集成为那个(美国专利)产品。换种说法,这个条款阻止,通过在国内销售非侵权性的元件、而该元件由美国之外的生产线制造成该已专利的产品,去规避美国产品专利。

第271(f)节的第一部分覆盖奖励刺激,即为了奖励刺激,晶片卖家厚颜无耻地鼓励他的客户去在美国之外把晶片变成激光。第二部分覆盖卖家不那么傻的情况,那些卖家仅卖了发明(产品)的一个元件,但只要其知道并且意图使该元件在海外集成为该已专利产品,则落入此第271(f)节第二部分的范畴。但是,为了保护合法的活动,此条款包含一些例外。第一个例外是必须有背景知识和实现意图。当然,卖家提供的产品的元件越多,他假装无辜就越困难。

第二,这(些)元件不能是"适合于大量非侵权性使用的"像"订书针"一样的大众化商品。例如,一般产品(像电阻器和电容器)的卖家不应该仅仅因为某人使用它们去制造侵权性的收音机而受到第271(f)节的惩罚。但是,如果砷化镓晶片,除了制造真蓝的激光之外,别无他用,那么出口晶片将具有与在美国制造激光一样的法律效果。

总之,如果商业目的分散,并且一时还没有到外国销售的打算,相比于以原籍国为开始和结束的国际战略——至少在美国——你反而可能做得更差。

实用新型专利

很多美国之外的国家,针对不满足传统发明专利标准的发明,维持一种次级专利体系。这些被称作"实用新型"或"创新专利"的专利,也能得到一些类似专利的权利但没有(常规发明专利)那种烦琐和延迟。在一些环境下,实用新型专利被认为是对常规发明专利有价值的附属物或替代品。

中国、日本、韩国和一些欧洲国家都有实用新型(与常规发明专利相比,欧洲没有通用的实用新型版本)。由于其创造性的门槛没那么苛刻,所以当某种主题不能用发明专利进行保护的时候,实用新型专利就具有了某些优势。鉴于常规发明专利申请要针对现有技术经受严格的审查,并且只有跳过了相对较高的创造性横杆,专利才能获得授权,而实用新型专利要求的无外乎新颖性和实用性。在一些国家,比如西班牙,只有地方性的公开出版物才可以在专利申请审查时被引用。结果,实用新型趋向是快速授权——在几周或几个月之内,而典型的常规发明专利则需要几年。(确实,实用新型,除了格式上要求合规之外,甚至不作实质性的审查)。不出意外,它们的费用也相对便宜。

但同时,这种容易授权的特性也引发了实用新型专利的劣势。实用新型专利因不像常规发明专利那样正式,有人认为它的寿命应该短一点,"牙齿"也应该别那么锋利。大多数实用新型专利的有效期为 4 至 10 年,而常规发明专利的期限通常接近 20 年。此外,因没有经过实质性审查,实用新型专利在法庭上经常会受到比较冰冷的对待。很多国家还限制实用新型专利的主题范围,例如,德国的实用新型专利不能覆盖方法或过程。

澳大利亚的创新专利,在知识产权维权价值方面,可能与传统发明专利差别最少。一个澳大利亚创新专利持续 8 年,并且在主题方面不受限制:任何可以用于申请发明专利的主题(植物与动物除外)也同样适用于创新专利。一项发明一般只要符合创新专利的保护条件就能够被授权,除非它和某一单篇现有技术文献的不同算不上有什么实质性的贡献。换句话说,只要具备虽然很小但在发明运作方面有意义的差别,就能满足创新专利的条件。相比之下,发明专利会针对多件现有文献集合进行比较,并且其区别必须在相关领域工程师或科学家看来是非显而易见的。因此,创新专利,可以被用于保护较小的不能符合发明专利条件的创新。

实质性审查对于创新专利的维权来说是必要的,但可以被无限期延后。最近的经验显示,审查可以在几个月内完成,而发明专利需要 2 ~ 4 年。然而,尽管创新专利通过审查和较低创造性门槛的过程很快,一旦被审查并被认证,它们与发明专利在澳大利亚法庭具有同样的效力。成功的创新专利申请人可得到类似于发明专利的权利,以及通常的救济——赔偿金和原则上中止侵权活动的禁令。此外,因为创新专利不需要具有创造性,它们比发明专利更难无效。

得不到发明专利的申请人,常常寻求实用新型专利,感觉上起码比没有强。但是它们最大的战略相关性可以在以下不同环境下出现。

(1)针对侵权的快速回击武器。假设当申请人了解到可能侵犯其尚未授权专利要求的竞争性产品时,申请人可通过申请具有覆盖该产品的狭窄权利要求的实用新型专利(新的申请可以享用此尚未授权专利申请的优先日期),快速得到法律上可维权的保护①。

(2)作为一种保险。发明专利和实用新型常常可以共存(前提是专利要求的范围不同)。申请人可能最后获得狭窄的发明专利,以及更广泛的实用新型,或反之亦然。针对无效的攻击,保护范围窄的专利更不容易被无效掉。

(3)许可谈判。当专利还未授权,预期的许可人可能发现自己处于谈判劣势;还未被授权的申请仅仅代表寻求保护的要求,这种单纯的希望相对于实际的已授权专利的法律权利,其谈判筹码将被大大低估。通过申请实用新型,特

---

① 在中国可能不适用,首先,只有在先申请的申请日起一年之内提交的在后申请,才可享有优先权;其次,在先申请自在后申请提出之日起,即被视为撤回。——译者注

别是字面上覆盖被许可人希望出售的产品的实用新型,许可人可以把可维权的知识产权权利摆在谈判桌上。(当然,在许可中应该约定,许可费应包含对覆盖销售产品的实用新型和发明专利的许可。)

建立一种身份

迄今我们还没有太多讨论商标。当然建立并维持一种公司身份必须在任何知识产权战略中进行考量。即便如此,创新公司更多地倾向于依赖它们技术和产品的能力而不是市场认知;后者被期望跟随前者。Cisco 公司的客户可能重视与一个有名的供应商进行交易,并且 Cisco 的品牌可能在两个很接近的采购决定中能够充分显示出区别所在,但是最终客户想要的是具有特定规格的负担得起的设备。

然而,尽管认为百万美元的美国年度橄榄球决赛广告可以取代市场反应型的创新是愚蠢的,但是在技术可自行销售的错觉下忽略品牌也同样是错误的。每个商业都需要身份。大多数商业业主明白这一点。事实上,可能太了解这一点了。在公司中很少存在像选名称这样掺杂着复杂情绪的问题。任何品牌都可以在市场上获得巨大的价值,偶尔,在技术范围之外,(获得)比任何其他形式的知识产权更大的价值。一个公司获取的所有信任和名誉最终镀金于其名称,而名称一定是那种与财富相称的载体。因此创始人绞尽脑汁并且就名字问题卷入格斗,试图获得一个启发性的、难忘的、导致对商业的信心与相关性的,以及容易拼写与发音的名称。当最终创始人成功了,而他们的知识产权律师却很可能把他们珍惜的奇思妙想扔进垃圾箱。对于知识产权律师,只有三件事是重要的:

(1)名称是可得的吗?

(2)它作为商标是可保护的吗? 如果是,能得到有力保护吗?

(3)你能得到域名吗?

名称可得性看起来像是一个容易的机械性问题,并且在很多国家是这样,你只要检查公司注册当局和国家商标局,看看你想要的名称是否已经被注册了。尽管要求在两个地方分别进行检索看起来可能很奇怪,但它是至关重要的。公司注册当局和国家商标局执行不同的功能,且两个局互不干涉。很多公司已经高兴地在一个极富创意的名称下成立了公司,却发现因为现有商标权利的存在,它们不能在那个名称下做生意。如果他们先检索了商标注册,可能就避免了这个令人不快的意外①。

　　为渴求的名称进行字面搜索通常被证明是不充足的。这是因为商标权利的性质。商标是识别商品或服务的来源的词语、徽标、数字、字母、标语、声音、颜色,甚至可能是味道。关于识别来源这一点是决定性的。商标法不因为创造性名称构想的本身而保护这些构想,而是防止市场秩序混乱,保护公众和商业。法律不关心有人偷窃了你珍贵的智慧珍珠,它所关心的是公众是否会混淆了偷窃者和你,并导致对公众和你的不利。结果,商标法常常不仅仅覆盖完全相同名称的使用,还意味着新进入者可能有义务在新名称和其他人的名称之间保持一定距离以避免近似。最终,近似的标准由(法律上的)混淆的可能性决定。

　　市场混淆的第一个重要原因是商业的相似性——商品与服务、客户和贸易渠道。商业区别越大,名称不同(以避免商标问题)的程度就越小。常常相同的名称可能被用于完全不同的商业。混淆的第二个原因来源于标志的相似性。法律寻找可能致使潜在客户混淆的记号语言因素,并且考虑声音、外表、内涵和商业印象的相似性。其中任何一项内容过多相近,特别是在相似的商业线中,即使名称的拼写或发音不同,也可能导致对商标权利较早使用者的侵权。明智的商业业主还可能在所有会有商业行为的国家考虑这个问题,特别是当涉及发音相似性时,例如,在纽约听起来完全不同,可能在东京就是过于接近而不舒服了②。

　　在美国进行名称搜索,比在其他国家要做更多工作。这是因为美国商标权利一般来源于使用,而不仅仅来源于注册。事实上,一个没有在实际商业使用之中的名称,根本不可能被注册。在大多数其他国家,对比而言,注册是最重要的事;谁先跑到商标局进行注册,谁就赢得名称的所有权。尽管在这些国家把长期不用的标记从注册处注销是可能的,其他人对该标志的之前使用与初始注册无关。

　　在美国,一个企业可以仅仅通过使用商标而建立商标,搜索技巧必须延伸至商标局的记录之外。一个使用互联网搜索引擎的快速筛查搜索,比如谷歌,应该可以开启这个过程。在此之外,要寻找珍珠就需开启很多扇贝,包括产业数据库、公司名称注册处、“虚拟”名称数据库,以及州商标记录(在美国,商标可

---

①　法律在交易名称或商业名称(其识别一个企业)与商标(其指示货物或服务的来源)之间进行区别。当然,交易名称通常被用作为商标,施乐既是交易名称又是复制设备的来源的指示。为了本次讨论的目的,我们不区别交易名称和商标。

②　(商标的)意思还有另一个重要方面。通用汽车很晚才发现它的型号“Nova”,以西班牙语发音,意思是“不走”。

以同时在州和联邦层面被注册)。专业商标搜索公司恰恰靠进行这些检查而存在。搜索努力的程度取决于可容忍风险的程度,并且该程度通常是根据名称与商业的重要性而产生的。当然,排在首位的是该公司计划用以做生意的名称。

商标的力量常常使那些沉浸在营销中的人感到困惑。知识产权律师偏向于完全随意、内在无意义的名称,比如 Xerox(施乐)或 Kodak(柯达),因为它们在法律意义上是最强的,并且可以得到最广泛的法律保护。当然,在空幻名称基础上铸造品牌身份是艰难的工作,因为该名称本身不能将公司的业务领域和产品告知消费者。铸造品牌身份的努力落在销售和营销力量身上,他们恰恰由于这个原因倾向于轻视空幻名称。但是,一旦艰难工作已经完成并且消费者开始把该时髦名称与其创造者关联在一起,法庭将通过授予该标志广阔的范围来回报商标所有者,即一个竞争性名称必须与它具有很大差别才能避免侵权,甚至在不相关业务线上未经许可的使用仍有可能被诉讼①。

法庭怎样做出此评估呢?什么因素决定保护的合适水平呢?如果我们考虑一个完全随意或奇思妙想的名称,其名称内涵范围的一端是区别性,而反向的一端是描述业务的完全一般性的单词或短语,例如 Xerox 为一端,"复制设备"为反向的一端。尽管随意的标志受到广泛的保护,但是一般性单词没有保护:它们不能作为商标而发挥作用以区别货物的特别来源,因为所有来源均生产该单词所说的内容。确实,允许任何公司去垄断描绘它所销售东西的词汇,将把其竞争对手置于致命的劣势之中②③。

该名称内涵范围可以通过中介性的分类具体化一点:

随意的←→示意的←→描述的←→单纯描述的←→一般的

"示意的"名称唤起它们所关联的商业,但是不描述它们;这里涉及一些思维跳跃。名称"真蓝",被选择以指示蓝色激光的氮化镓水晶和晶片的来源,并代表示意性的名称,因为并没有什么特别蓝的东西是关于(透明的)水晶和晶片的。此外,关于"真蓝"文字表达的文字游戏——其真的与半导体无关,进一步凸显了该名称,并把它更加推向示意性的"随意"方面。

---

① 例如,即使可能导致混淆,未经授权的使用著名商标可能作为旨在"稀释"该标志的区别性而被禁止。

② 但是如果商标没有有效监督,其本身可能陷入一般性。那是为什么当人们使用像 Xerox 这样公司的名称作为动词或名词时,它们发了脾气。这种情况太多,以导致名称变成一般说法,而失去其作为商标的地位。例如,词语阿司匹林、玻璃纸和自动扶梯,曾经都是商标,但因为成了一般说法而失去商标权利。

③ 法律是鼓励竞争,因此这种通过垄断描绘销售商品的词汇而抑制竞争,法律是不允许的。——译者注

现在返回 RSS，仔细查阅一下，它的全名"荒谬小样本"公司（Ridiculously Small Sample，RSS），即是一个荒谬的诨号。关于商标的（名称内涵）范围，它当然描述了公司的业务，但不是一般性的；毕竟，RSS 不销售样本。该名称唤起公司产品的能力，而不是产品本身。大多数描述性的名称可以被注册并得到商标保护。但是，取决于不同地区，这可能存在一个障碍：例如，在美国，一个公司必须显示出对该名称足够持续的使用，以至于公众已经逐渐把它与公司关联起来。这个情况的法律术语是"第二含义"或"后天的区别性"。尽管随意的与示意的标志被视为是内在区别性的，但是示意的标志必须经过努力才能获得商标地位。

首字母缩写"RSS"的情况怎样呢？尽管字母、首字母、缩写和首字母缩略词可能有时符合作为随意标志的条件：如果它们是不平常的并且不仅仅代表描述性词语，那么对第二含义的商标保护常常是有必要的。如果 RSS 希望围绕那些字母建立商标权利，那么为了促进建立其首字母和其产品在客户头脑中的必要关联，RSS 最可能需要以 RSS 做生意，而不是公司全名。

公司也必须考虑互联网域名的可得性。建立域名的竞争已经基本上清空了整个英文字典，所以那些希求公司名称大概匹配互联网地址的公司，常常求助于累赘的单词连接（如 www. ridiculouslysmallsample.com，这需要很多字符输入）或那些使它们营销人员哭而它们的商标律师笑的完全人造的、愚笨的名称。域名的所有者常常与那些名称（比如商标）的之前使用者冲突，并且一些人只为榨取金钱而企图注册其他人的商标作为域名，这种机会主义使他们赢得了"域名抢注者"的诨号。尽管互联网管辖反应比较慢，商标所有者现在可以通过 ICANN（负责顶层域名管理，属非盈利机构，总部在美国洛杉矶）或在美国法庭（因为域名注册管理机构位于美国）寻求救济。

偶尔，公司在符号或徽标上寄托它们的希望，而这些几乎不可能作为商业身份的基础。甚至熟知的符号，比如，耐克旋风和花花公子兔女郎，几乎立即唤起的是它们公司的名称。在某种意义上商标更多是为名称服务，而不是为商业服务。

像专利一样，商标通常在不同国家需要分别进行注册，但是也像专利的情况一样，存在特定的地域注册选择（比如欧洲共同体商标）。几乎所有的国家都提供商标注册，并且大多数地方在未经注册的基础上使用标志是错误的。竞争对手可以轻易注册该名称，甚至是从之前的使用者那里拿走该名称。在美国，使用至上，商标注册虽然不那么关键却是高度可取的。注册给予商标全国范围的影响以及提供了进入联邦法庭的渠道，并且有些标志只要经过有益的推定就能够得到注册。现在,每个标志在各个国家的注册成本大约从 500 美元到 2000 美元不等,这取决于地方费用和谁准备申请。该成本大大低于专利的成本,并且考虑到名称可以被偷取的容易程度,公司应该就其外国商标付出更多努力。

因此,一个典型的商标战略可能大概如下:

(1) 挑选强有力的公司名称;

(2) 广泛搜索该名称,在公司可能做生意的任何地点进行注册,并且获取域名;

(3) 针对商标名称在外国可能会由发音或内涵的不同引起误会,应该搜索每一个产品名称在国外的发音,但只有最突出的品牌需要做广泛强力的搜索,并注册那些最突出的品牌。

第 4 章

实　　施

天才是 1% 的灵感和 99% 的汗水

——托马斯·爱迪生

用商业成功替代(上面句子中的)天才,然后这个熟悉的格言将以更大的力量得以适用。当涉及知识产权,战略性部分是 1% ,剩下的是实施。但是,在一个表面上明智的战略被确定实行之后,公司要员们可能会忍不住先自我恭维然后退出,而把细节留给被信任的部属。不夸张地说,这也许将会使厄运笼罩该战略——不仅仅因为前方还有 99% 的路途,而且因为只有通过实施,该战略本身才可能被提炼并且对不断变化的环境做出反应。

对话是推动此反馈循环的动力。对话是任何企业有效决策的核心,而它意味着参与而不是一个只听自己声音的团队。所有关键组成人员——高层管理人员、营销人员和技术人员,必须参加对话。当然,该对话是以有意义的方式进行的:高层管理人员不必陷于细枝末节,而亲自动手的管理员也不应该自己做出所有决定。怎样把不同人员拴在一起,并且把他们的工作组织成为综合集成的过程就是实施,这也是本章的内容所在。

案例学习 3　很少有人会盼着去看牙医,只有特别的受虐狂才喜欢去根管治疗。口观公司的新系统可以在病人等待时,模拟出一颗牙齿模型并且立即生产牙套、牙盖或填充。它不会改变基本流程,但至少免去了病人再来一次的痛苦。当牙医用一个扫描棒审视病人的牙齿时,口观公司的系统建造出全部牙齿解剖的 3D 图像。牙医可以在显示屏上检查并且操控该3D 图像,集中注意力于病牙,并且牙医把坏消息讲给病人时,病人可以在一旁上下翻看坏牙的损害部分。在病人用信用卡清账的同时,牙医让口观公司系统产生,比如,一个设计出来的牙套。该系统不仅仅根据理想的牙齿形状而且根据病人的实际咬合而计算出牙套的配置,并且预料该牙套可能怎样研磨相对的牙齿。随着该牙套降落在病人坏牙的图像上,牙医和病人观看着该显示,如果对所看到的不满意,牙医可以适当地扩大、缩减或延伸该牙套。然后他把完整的模型送到附近的切割机器,该机器很快从一小块瓷料中切割出该牙套。很快,牙套和病人就一辈子结合在一起了。

旺达·达尔林普尔是口观公司的董事长,同时也是个牙医,她对公司价值10万美元的新系统感到极端自豪。她对于口观公司过去的基本设备销售情况一直感到很失望,那些基本设备提供3D牙齿图像但没有立即制造义体的能力。大的竞争对手,包括通用电气,也制造使牙医对他们的病人口腔进行3D检查的系统。但是没人能实际使用那些图像去自动操作义体的制造。

认识到知识产权保护的重要性,旺达让她的丈夫德瑞克,公司的会计,去负责知识产权保护。而缺乏信心的德瑞克没有为他面临的挑战做好准备。口观公司的小规模但尚在成长的营销部门挣扎着对抗着大的竞争对手,而这些大的竞争对手看起来,能把口观公司的每一个新成像特点都纳入其自身的产品,进而获得同样的义体制造速度。营销部门恳求德瑞克去把公司的自主图像处理技术和用户功能进行专利申请,以努力建立一些市场独占权。

工程师们的第一反应是怀疑。"它只是图形学101"课程的东西,并就成像技术对德瑞克说,没有什么你可以进行专利保护的,并且就用户体验而言……好吧,你怎么能把用户体验进行专利?德瑞克明确地从工程师们那里感觉到了一些非常负面的能量。他把此事暂时放下,并开始研究解决问题的方法。

义体系统是个不同的故事,市场上尚且没有其他人的竞争性产品。设计此系统的团队来自公司之外,并且之前被旺达雇佣作为顾问。他们作为一个团队进行演示,清晰地推进他们的PPT幻灯片,并且每月在他们笔记本电脑上进行演示。旺达被骗得团团转,然后以为该设备会像他们所承诺的一样。但是看起来总是有更多可以做的,例如,更快的数据处理、"下一代"雕刻机器的设计。顾问们的参与使得专利申请的过程变得很容易,并且口观公司已经就他们设计的或仍在设计的系统提交了9个专利申请。而德瑞克不是很肯定,因为所有的情况都发生得太快了——顾问们送进来一连串的专利交底书,旺达赞赏地点头,然后很快就产生很多法律费用。

顾问们似乎具有用不完的能量。

德瑞克觉得情况复杂得难以应付，并且已经请我们去帮他就口观公司在知识产权方面的努力给一些指导。我们应该告诉他什么呢？

开发并且维持知识产权库存

我们给德瑞克的议事日程必须以发明的记录保存程序为开始。一个公司，如果没有对发明进行文件记录的机构性措施，就是无视财富；如果那些负责做出知识产权决定的人无视创新，那么创新也可能根本不会发生。因此，有必要设定日常的规章并且保证各部门持续的合作，但这意味着需要降服一堆转动的眼球，包括那些宁愿不被打扰的发明者的、必须追逐发明者并组织其发明披露文件的管理者的、评估那些披露文件的委员会的，以及也许是你自己的眼球。

这个议事日程很重要。

尽管记录保存的程序将不会解决重点问题或公司优先级的问题，但它们提供了建设任何知识产权战略所必需的基础。在"先发明主义"的国家(几乎只在美国和菲律宾)，优先权归于第一个发明人而不是第一个提交专利申请的人，因此对发明进行文件记录是常见的习惯做法[①]。事实上，这些体系之间的区别并非所想象的那样，并且建立所有权在任何国家都是重要的。原因是雇佣关系不保证雇主对发明的所有权。那看起来好像是不可思议的。当然，有人可能假设，签订有利的强势雇佣合同的雇主应该是安全的。让雇员承认发明和相关知识产权权利为公司财产还不够吗？

未必。雇佣合同可能不会延伸至雇员自己所追求的主意，并且在一些司法管辖下甚至最强势的雇佣合同都是不足够的。例如，美国的一些州已经颁布了"自由创造"法令，而该法令排除雇主对"完全在雇员自己的时间且没有利用公司资源而开发的发明"的所有权。违背该法令的雇佣协议不能被执行。在日本，即使合同赋予雇主对发明的所有权，雇员也可能被赋予在其薪酬外获得"合理酬劳"的权利。并且，如果当雇员进行发明时日本雇主给雇员提供的奖励过少，雇员有自由为了更多金钱而去提起诉讼。因此，至关重要的是，雇主要在一个接一个发明的基础上获得权利转让——这肯定是在专利申请提交之时进行，

---

① 包括中国在内的绝大多数国家都实行"先申请原则"，早些年美国实行先发明原则，2013 年 3 月 16 日美国新专利法开始实施，其中多处做了重大修改。根据修改后的新专利法，美国专利制度将采用"申请优先"原则，放弃"发明优先"原则。——译者注

但是最好是事先获得权利转让。在具有"发明者奖励"法律的司法管辖地区,对于雇主而言,越早给予奖励总是越好,因为在发明初期给予的奖励及其投机性价值,以法庭的后见之明,将比在发明已经变得轰动后再提供补偿,要远远合理得多。

在版权方面,有一种假设,认为软件是"雇佣成果"并且因此由雇主所拥有,这是错误的,特别是如果涉及咨询顾问是开发者的情况。在美国,"雇佣成果"的定义是非常技术性的,并且如果涉及的雇佣关系不能满足法定的标准,版权仍由开发者所有。这些情况可以与购买艺术品类比:购买者获取该物件而不是复制它的权利。如果没有协议明确规定版权,复制或甚至改变软件的权利可能属于撰写软件的开发者①。切记,如果其适用于道德权利,它将不能被放弃或转让。取决于国家规定,这些道德权利也许不可改变地限制其所有者在不经原创作者明确同意情况下改变软件的能力。

不管涉及的知识产权保护机制怎样,获取及时转让的能力取决于创新发生时的意识觉悟。而这就是为什么要有文献记录的流程。

笔记本流程是美国最常见的涉及可专利发明的文献记录流程,这些流程古老的几乎令人痛苦,它起始于一个"所有发明都源自实验室且所有研究者使用同样笔记本"的时代。在美国,笔记本流程能够判断是谁首先进行了发明。

而且,采取实验室笔记本制度,能够防范不忠诚雇员的背叛。假设比尔·比克是口观公司的技术员,由于公司对他开发的皇冠胶粘制品不感兴趣,他选择离开口观自己开设公司,并就该胶粘制品成分构成提交了专利申请。之后,当口观公司试用了该胶粘制品,对其效果感到满意并最终决定使用该胶粘制品时,比尔挥舞着刚授权的专利证书出现了。如果没有比尔在雇佣期间开发工作的内部记录,那么口观公司很可能就必须任由比尔摆布。但是,只要口观公司能够正确执行实验室笔记本制度,就能够提供该胶粘制品发明的相关记录。最终尽管口观公司可能很难把专利从比尔那里抢过来,但至少有权购买该专利以允许他们去使用(并且但愿能出售)该胶粘制品。

比尔可能挑战笔记本记录的真实性或内容,并且也许指责口观公司造假。以下是为什么那些累赘的记录习惯应该保持。记忆是不靠谱的,法律是多疑的,因此要拥有难以造假的客观证据。必须坚持以下看似累赘的记录习惯,即:

（1）笔记本应该按时间顺序标明页码;

---

① 值得一提的是,尽管"雇佣成果"的所有权永远由雇主或付费方所有,但在美国,版权转移可能在 35 年之后由作者反转,而 35 年这个特权时间在软件世界太长以致这不是日常关心的话题。

（2）在每一个实验之后，或在一个主意的文献记录之后，并且最好在每天的日志之后，笔记本的每一页都应该被至少 2 个同事或了解技术的其他人作证或注明日期；

（3）作证的同事必须读过并完全理解笔记本的日志内容，并最好不是在做同样事情的人，即不是进行发明的团队的一部分；

（4）关系到研究进展的其他文件，如往来信件、开发报告、用于研究的材料收据、测试结果等复印件应该被保留。

当然，纸质笔记本和证人证实，与目前很多科技的日常工作和文化格格不入——很难想象口观公司的一个软件工程师能够认识到停止编码并且开始记录当日他做了什么的必要性，更不用说享受这份经历了。为了建立发明日期，创新者或许倾向于依赖电子邮件或备份数据记录，但是因为法律在赶上技术进步方面是缓慢的，这种权宜之计可能被认为不够充分值得信赖而受到攻击。也有简化并自动化笔记本（流程）做法的商业软件，但是这些程序仍倾向于严格遵守已经建立的流程，以使产生的记录能够经得起法律推敲。

笔记本的流程能够记录发明，而披露的流程使公司能够发现发明。发明披露代表存货，即是公司的创新的贮藏和记录。当然，这些披露不仅仅提供了进行专利决定的基础，而且也记录了发明的起源并可能支持后来的商业秘密权利的要求。例如，要离职的雇员对他之前曾披露的技术要求所有权将是非常困难的。所以，从公司角度而言，进行披露吧，越多越好。当然，比尔·比克从来没有填写过披露，他太忙于计划他的下一个冒险了。一个不择手段的发明者可能不会告诉其雇主他计划偷盗的主意，但是该发明者却很难回避常规实验室笔记本记录。

另一方面，从实际进行创新的工程师和科学家的角度看，披露工作是单调乏味的，甚至是折磨的。毕竟披露占去了具有生产性的研究时间。有活力的技术专家将不断推进其发明，而发明披露则停止于过去。甚至那些已经意识到知识产权价值的创新者，通常也宁愿以后再面对披露的细节问题。所以一个公司的披露计划必须权衡对信息的关键需求与研究人员可以提供信息的能力。

更微妙的问题是心理上的。工程师和科学家与他们的律师不同，其在本性上是很谦逊的，并且他们强烈地意识到他们与他们的成就取决于前辈巨人。他们可能错误地把可专利性等同于深奥性。事实上，专利标准远远更加仁慈，其实际上公布的是不可专利性的标准。技术专家认识到专利是一种法律工具，而不是重大成就的奖励。他们应该被鼓励去自由地填写披露，而不因所填写内容表面上的平凡或细微而怕人笑话。披露一定不能被视为对其专业的否定。只要公司采取措施将文书工作的负担(更多下面探讨)最小化,并且把该过程作为态度中立的记录功能,该公司即可以期待它的员工在其就职期间提供相当完整的发明创新的编年记录。

建立现实的流程和责任

如果一个人希望从另一人那里索求一个令人为难的东西,他一定不能把这个事看成难题,而是要简单摆出他的计划,这也许是唯一可能的途径;当他的对手眼中闪烁反对或矛盾时,他必须知道怎样突然打断谈话并不给其留出时间。

——弗里德里希·尼采

一个没有计划的人不是一个人

——尼采!(任性大男孩在至尊神探电影中)

让我们再回到口观公司和可怜的德瑞克。他必须获取一些正能量并负起责任。作为一个组织,口观公司迫切需要把信息授权给德瑞克的工作流程——这些信息是口观公司近期创新的完整图景——而不给技术人员增加过多的负担。但是首先每个人必须被设置着朝一个方向划船,并且具有对公司目的相似地理解和对其知识产权优先级相同的认知。咨询顾问理解知识产权,但他们自己驾驶特立独行的快艇,而德瑞克则漂浮在他们后面。在公司范围内以德瑞克为中心的有序流程,将给予他权威,但这些流程必须看起来在不具有责备性的同时,也不能消减咨询顾问的热情。苦闷的工程师们需要改善他们的知识产权智商,并接受一些新的责任。如果留意到了尼采的话,最好同时实施一套新的流程,以至于没有哪个群组感到有特权或是被针对的对象。

德瑞克应该给所有技术人员,包括咨询顾问、Wanda 和其他口观执行人员,组织知识产权研讨会:部分以教室形式,部分以布道会形式。所有技术人员通过这种研讨会对知识产权发挥关键作用的共同使命感进行沟通。根据第一章概括出来的知识产权保护基本点,获得知识产权保护的正确路径,但其细节的程度要对技术人员是有意义的。公司的外部专利法律顾问常常可能被诱使着去无偿进行这种演示。对于他们这种"使命性工作"的回报,是更香甜的睡眠。传教士教导本地人:专利的陷阱、早期披露的重要性、可专利性的标准、各种知识产权选择的好处与劣势,以及涉及自主信息的常识性做法。例如,不要把哪怕是轻微敏感的东西发给任何没有签署公司保密协议的人。

公司领导,这里指 Wanda,发表布道。她谈到知识产权可能在口观的成功中发挥的关键作用,并强调每个人持续参与的价值。Wanda 应该解释如下事项:披露的流程;把个人自我放在一旁;记录琐碎事项的必要性;并且详细说明公司具有的专利奖励方案。这些奖励方案可能涉及在专利授权时的奖励,或如果有必要激发员工更大的动力,可以随着专利申请过程中里程碑的获取(最典型的,申请提交、专利权利要求获准和专利授权),一步一步支付报酬。

知识产权研讨会,就像布道会,必须定期召开,以使得这些知识产权理念在组织层面扎根。考虑到通常的人员周转率、公司新人员的增加(但愿),研讨会可以一年一次。研讨会要达到的效果是,当它结束,每个人都可以退回到他们的办公室和工作隔间,精神焕发地、急迫地或至少顺从地去执行他们刚刚学到的东西。

作为负责 IP 的管理员,德瑞克在这个过程中具有几个角色:

(1)通过激励发明者、筛查他们提交的内容并就下一步怎么做出初步决定,从而管理发明的披露;

(2)担任专利委员会的联系人(并尽可能地担任委员会委员);

(3)通过不断评估知识产权组合和商业战略之间的适配并且尽可能评估公司知识产权的市场影响,从而监控专利管理的成效;

(4)担任外部专利法律顾问的联系人。这不仅仅涉及沟通和账单审阅,还涉及持续对文献搜索提供帮助和质量评估。

那么确切地说,谁是德瑞克?或更切题地,谁是承担这些各种角色的理想人员?他必须理解公司的技术,以至于可靠地与研究人员打交道并理解他们的披露,但他也必须维持对商业目的的尖锐意识;他必须具有足够的知识去建立发明的流程并拥有充分的权威去实施这些流程;他必须受到专利委员会的尊重,因为在必要时他可以绕开他们;他需要执行人员的耳朵,因为他们的参与比他们可以领会到的还重要;他应该理解基本的会计学并对数字感兴趣;并且他需要熟练地应对知识产权法律顾问——先应对外部法律事务所,但是随着需求的增长之后也许也应对内部人员,这些法律顾问的热情努力是关键的,但是他们一定会随环境需要被替换、增加或多元化。

上面这些对一个人而言是非常混杂的技能要求,当然对德瑞克也是这样,他现在只能声称其具有一部分上述技能,他将不得不与公司的需要同步成长,这是很普通的现象。一个小公司的初始团队鲜少能包括这样的理想人员,并且在任何情况下,他将与专利委员会分担责任。在更加成熟的公司,该职位通常由副总裁层面的人员担任,例如,具有技术或营销经验的研究发展 VP 或产品开发 VP。他应该向总裁或首席技术官汇报工作。当然,德瑞克已经以很多方式向总裁汇报,并且甚至在口观扩张且外部投资者坚持专业化知识产权管理的情况下,仍可能很好地保留他的工作。他已经看到公司从胚胎状态发展起来,并且对竞争和内部动态具有新雇员无法匹及的感觉。希望我们帮助他实施的流程能够挺直他的脊梁。

发明披露。技术公司通常把知识产权工作视为一种过程,该过程开始于发明披露并且结束于专利委员会决定。而这是导致流程僵化的源头。固定的流程很快变得硬化,只有灵活的流程才能孕育合作。

让我们以披露为开始。如上面所述,披露在记录发明日期和记录公司的创新资产方面是重要的。但是研究人员,甚至对奖励刺激做出反应的懂知识产权的人员,都将本能地推迟这些繁重的义务。但如果期望每一次研究人员进行创新时,他或她都去填写全面的披露表格,他们在披露方面就很难出错。

下面是一个典型的披露表格。

发明披露
请在指定空间内填写相关信息。 潜在的投资者:
描述发明的名称
最接近的现有技术(如有,请附加发表文章):
发明的描述: 　发明解决的问题: 　与现有方法相比,此发明的好处: 　此发明与现有方法不同的潜在方式: 　此发明工作原理(如需要,请附加更多纸张):
<u>其他相关信息</u> 　你是什么时候首次想出此发明的? 　你有什么记录以支持此日期? 　你把此发明首次披露给了谁? 　在什么在这日期你做出此披露? 　就此披露,你有什么书面证明? 　在实现此发明时,你什么时候第一次进行了实验性工作? 　谁观察了你实验性工作的过程? 　你什么时候第一次对此发明进行了书面描述?

发明披露
发表与相关技术信息 　　请列出任意文章、摘要，等等，以描述此已经被发表的或已提交的供发表的发明。包括名称、日报，和日期或预计发表日期。 　　请指示此发明是否进行了或将进行任何口头演示（包括幻灯片或海报），及其日期和听众。 　　列出任何商业性使用或出售此发明的要约的细节。 　　注意：印制的发表作品、摘要、口头演示或出售要约可能立即导致获取专利保护的权利丧失。请附加一份文章、摘要或其他印制的发表作品的复印件。如果发表作品尚不是最终形式，请附草案。
此发明的商业潜力 　　请总结你对此发明的商业潜力的评估（并且请注明此发明可能被集成的任何产品）：

发明者签字	阅读、理解与见证
日期：	日期：
日期：	日期：
日期：	日期：

　　此表格包含了所有德瑞克理解此发明所需要的信息，比如，它与现有技术有什么不同，谁发明了它，笔记本文献记录的强度，以及是否专利败诉的事件已经发生或即将发生。当发明披露完成后，它将使准备专利申请的过程合理化。但是，如果目的仅仅是在发明人（而不用说德瑞克）负担最小的情况下建立一个知识产权仓库，那么这个表格就太过复杂了。如果研究人员不吝惜地记录他们的工作，就像他们应该的一样，甚至汇报最微小的发展，那么他们所描述的内容中只有一少部分将会最终抵达专利局。作为一种日常工作，他们应该填写更短小的披露表格，而这个表格将不仅能使德瑞克了解到基本内容、能提醒他是否有立即采取行动的需要，并且允许他决定是否要提出更多问题或要求长表格，或只是为了未来参考而提交披露。原本看起来日常或低优先级的内容，会随着该内容与其他努力联合而发展成为一个成熟产品，那么当时的披露现在看起来就比较令人激动了。并且，德瑞克需要立即知道任何显然引人注目的情况——尽管该情况在其发明人眼中只是一道闪烁之光——以便他可以快速提交临时专利申请以建立最可能早的优先日期。

　　甚至每当只有一点点发明的苗头出现在空中时，作为第一步，发明者可能被问一些比较容易回答的问题。他们可能甚至把信息通过电子邮件发送给德瑞克，而德瑞克可以把它打印出来，并且如果他觉得技术上合适这么做，他会作为见证人在纸质文档上签名并署上日期（并且传递给第二个见证人签署）。口观的电子邮件系统,如果能常规地进行备份并能证明邮件传送日期,这将进一步可以证明发明的日期。

短形式发明披露
潜在发明者:
发明解决的问题:
与现有方法相比,此发明的优势,并且它与现有方法不同的潜在方式:
此发明工作原理的简要描述:
你是什么时间第一次想到这个发明的?
此发明有任何商业应用或有人要买该专利技术吗? 如果有,请解释。
计划要披露此发明吗? 如果有,什么时间并且在哪里?

此外,对于那些乖戾的软件工程师,如果他们甚至逃避这个最小的义务(并且他们对口观的价值足够大以至于不受惩罚),这些要求可以被进一步降低。最短小的发明披露只问两个问题:为什么并且怎样做? 对此问题如果还保留的话那就请他另谋高就吧。

当一个专利申请,甚至是临时性的申请被提交时,重要的是获得那个申请和任何从中得到优先级的未来申请的正式转让。此转让应该在专利局备案,就像房契一样。如果不提交专利但是涉及软件,并且如果在开发者是否为口观的正式雇员方面有任何微小的问题,德瑞克都必须从涉及的每一个人手中获取版权转让。版权转让通常不仅仅包含明确的"所有权 – 转让"语言,而且需要把主题描述为"雇佣成果",不管真实情况是否如此(根据试试无妨的理论)。

与专利委员会打交道。让我们乐观些并且假设发明者非常配合。德瑞克怎样处理不断涌入他收件箱的公文呢? 如果德瑞克是个官僚,他会尽责地把公文保留至下一次专利委员会会议。但是,聪明的知识产权管理员只要获得披露就会阅读它,保证他理解发明及其对公司的商业意义,并且把它放入公司技术组合的头脑图像中。他理解公司的商业目的并且设置优先级。理想的情况是,专利委员会绘制航班计划,而知识产权管理员驾驶飞机。在实践中那意味着什么,取决于委员会怎样看待其使命,以及德瑞克能承担多大的责任。

专利委员会的工作是监督知识产权开发,以使公司的知识产权组合落在图3.1 的最佳位置之内,并且保证资源被合理分派。专利和未决申请,特别是在美国之外的,在它们的有效期内每天都要花钱进行维护。当它们覆盖的技术被取代时,或无论如何努力,专利局提供的覆盖范围均低于最低可接受程度时,就需要仁慈的安乐死了。这些决定涉及的细节可能引发委员会设置广泛的政策、确定预算,并把具体航行计划交由德瑞克处理,而那将违背设立委员会的意图。

只有当委员会成员积极参与并在一定程度上把自己涉入每一个申请时,公司才能获益。

这个叫作专利委员会的受人尊敬的团队怎样构成呢?在像口观这样的小公司,委员会很可能由德瑞克、Wanda、营销主管或者加上口观的外部专利律师构成。给这个在饮水机边上聊天的紧密团队安排正式会议,可能看起来是无意义的,但这是一个好的做法,是一个专业的外部投资者常常会坚持的做法。每季度开常规会议的做法,允许公司在所有观点都得到阐述后评估其战略,并且批准重大支出。

每一个会议的日程文件应包括:公司专利和申请(通常由外部律师准备)与IP管理员收到的最近发明披露的状况清单。由律师准备的专利状况清单通常采取表格形式,且每一行对应一个特定的申请而每一列定义状况信息:案件编号、国家、名称、发明者、提交日期和序列号、状态,以及下一个预定的案件。有时被授权的专利占据一个单独的名单,因为剩下来的唯一战略问题是:是否维持这些专利有效。对于这个基本的状态清单,知识产权管理员必须添加只有公司内部人士才能完成的两个列:商业分类和战略目标。除非专利的目的是技术性的,例如,给竞争对手设置障碍,或给新科技建立早期的优先日期,否则该专利目应该与公司产品或至少一项业务(不管该业务在售还是在开发)相关联。战略的列增加必要的说明,而该说明简要描述每一个案件的商业原理并且必须被不断重新考虑。以覆盖被淘汰产品为目的的专利,即应该放入垃圾堆了,但是如果新的战略价值已经被识别,例如,覆盖竞争对手的产品或具有许可潜力的产品,该专利值得再活一天。此状态清单必须使所有这些清晰可见,见表4.1。

表4.1 状态清单

律师摘要	国别	领域/顺序编号	发明人	名称	现状	商业类别	战略目标
MTH－001	美国	1/15/05	Paul Bustamante Rita Dorfman	设计和制造方法或设备	等待审查	义体设计;义体制造设备	不包括先锋产品竞争对手
MTH－002	美国	1/15/05	Jeffrey Watt	雕刻设备	等待审查	义体制造设备	覆盖最好的商业实践

德瑞克也可能考虑准备一个把口观的专利与其价值链相关联的交互式操作界面(图4.1)。点击此价值链的任何一个元素即产生相关专利申请的下拉清单,以及即将成为专利申请的重要披露。此方法生动地把知识产权与具体商

业功能连接起来,并且就知识产权获取而言,人们能够通过这种途径立刻了解到该知识产权对哪一个商业部分最成功或受到最大关注。

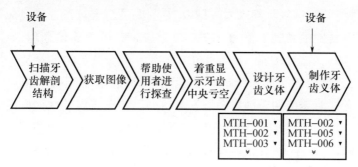

图4.1　口观公司的专利与其价值链相关联的交互式操作界面

最终,德瑞克可能考虑准备一个把专利覆盖与竞争对手产品和行业趋势相关联的表格。这需要具有非常高的技术水平和应对市场复杂性的能力。尽管目前德瑞克还不具备这样的能力,但是在必要人员的支持下,完成此操作可以取得很好的回报。这就是怎样发现瓶颈的,所谓瓶颈即是竞争对手需要进入市场的守门性技术或商业程序。较早识别此种机会,把它们与专利缝合,就会让那些竞争对手感到痛苦。也许只有一种良好的(例如快速或计算上容易处理的)方法去扫描并模拟一颗牙齿中复杂但可以预测的特征;也许医疗成像系统正在朝着可更新的存储在"云"中的数据表达方向进展;也许口观的律师建议在系统生成的义体设计上记录牙医的修正,以减少责任风险。这些领域也许不会从技术角度产生很大的刺激,但作为商业事宜,一个知识产权的立脚点可能证明是无价的。

这种操作对于通过许可销售市场定位的纯研究公司特别重要。这种公司应该总是企图比他们的被许可人领先一步,而这些被许可人也是潜在的竞争对手。少有开发商可以一边闲着,一边像领取年金一样榨取一个单独的早期创新。但是,同样少有的,是创新者能跟上每一个竞争对手或在一项科技的所有应用中维持领导地位。因此细心挑选很必要,如何决定研发的方向,其要求不仅仅了解新兴的趋势和改良,而且要求了解这些趋势和改良的创造者。市场领导者的努力和需要不可忽视;他们的优先次序决定了研究的方向,即便这些优先次序看起来不是很有启发性或并不先进;与学术研究不同,商业研究是和市场紧紧地拴在一起的。

基于所有这些信息,口观的专利委员会决定是否把临时申请变为正式申请,是否提交、向哪里提交海外申请,并且什么时候放弃一份申请或专利。专利委员会则考虑许可要约和标准设定的机会、行业趋势和竞争的最新产品、侵权威胁以及酝酿诉讼。

为了避免所有这些听起来太过枯燥，专利委员会会议可以并且应该是相当生动的，甚至是生机勃勃的事务——如果这些事务被正确地办理，如果选择适当的人选参加。请想象当德瑞克把图 4.1 出示给委员会时的反应。口观的营销主管可能会责难对义体系统的排他性侧重，他急于看到各个领域的更多专利，而这些专利覆盖他期望销售的每一个产品。德瑞克以软件团队的疑问进行应对。现在口观的专利法律顾问开始尖声说话，向质疑者提出质疑。她经常看到厌恶专利的工程师企图通过申明是已知的或显而易见的内容而逃避此过程，并且她告诉德瑞克草率打发是不行的。她说，可专利性是我们应该一起做出的决定。让软件工程师解释他们已经取得的成果，并且向我们显示那些预见到他们的努力的早期工作的具体例子"如果他们能拿得出来任何例子，我将很吃惊。并且，如果你愿意"，她继续说，"我们可以进行自己的可专利性搜索以进一步消除疑问。"德瑞克的兴趣被引发了，并且最终认识到了这是对所有那些负面能量的反驳。Wanda 强调了她对义体系统及其健康和中肯的专利申请的热爱，而营销主管则大声地（但恭敬地）抱怨。

让他们碰撞（当然，以文明的方式）。商业方面与技术方面不能也不应该总是看法一致。请再看看图 3.1 商业人士的自然习惯是左边的椭圆（商业机会），而技术团队为了右边椭圆（可获得的知识产权）而生活。营销常常看到在没有专利存在的地方的商业机会。为什么有这个缺陷？技术人员鄙视平凡而期待使之着迷的东西，这是技术人员的优先级别错误了吗？或是营销人员忽视了有价值的机会？研究解决这个问题将帮助明确"知识产权/商业"的优势（即商业机会与可得的知识产权之间的交集）。

并不是所有事都能等待季度会议的。一项很热门的发明、一封来自竞争对手宣称专利侵权的"停止"侵权的警告函、贸易展和意料之外的销售……所有这些活动都要求立即引起注意。当即席的会议不能被安排时，电子邮件可以把不同的安排拼接到一起，虽然这是不完美的，是以不那么有效的沟通为代价的。如果德瑞克在公司内部是被充分信任的，也许他将有权威去根据场合自己做出某些决定。例如，专利管理者通常可以授权临时专利申请的准备和提交——特别是如果发明者已经表示了意愿去负担很大一部分降低成本的责任，并且特别是在紧急情况下。

监控绩效。在图 4.1 和表 4.1 中表达的信息很好地描绘了口观的知识产权组合以及它怎样与商业关联。但是，等等，德瑞克，你的工作不仅仅是维护知识产权之船浮着,你也需要估测它的绩效。

绩效有两个组成部分:内部绩效涉及在知识产权工作(在部门、集团和个体层面)中参与的质量和数量以及口观因其知识产权收获多大利益;外部绩效估测口观的知识产权项目对公司市场定位的效果。

监控内部绩效需要一些数据库技巧。当德瑞克收到一份披露,他应该把它录入到一个具有如下字段的"绩效数据库",日期、披露覆盖的技术、发明者及其研究团队的身份、披露的目前状况(暂缓、被取代、专利申请已经提交,等等),以及是否有对应的产品正在进入市场。图4.1展示了口观的知识产权是怎样与其商业功能相关的,但是它仅仅提供了是谁在做贡献的这么一个不完美的窗口。将德瑞克的绩效数据库中的录入进行排序就可以看到哪些团队在产出最多的披露,并且能够看出在那些团队中是谁特别多产。披露的质量和所披露的技术是否在转变为专利和公司产品,可能揭示出一个团队到底是创造力的源泉还是自大狂的粪池,进而能够有效地进行金融性的还是精神上的奖励。一些研究者可能寻求通过提交发明披露而把他们的努力或提升,或证明,或放大,但他们不应该被过快地批评;毕竟,大多数公司因为披露过少而不是过多而痛苦。但是此种观察对团队主管,并最终对首席技术官,是有用的,这样他们就能为消减或删除没有收益的项目做好准备,例如,那些提交的发明披露远远多于可市场化的产品项目。

评估外部绩效对一个许可公司而言很容易,查看哪个专利已经被许可了以及它们产生了多少特许权使用费就可以做到。但这对那些不向外许可技术的产品公司不适合。例如,谁知道一个市场补缺者的排他权是否来自它的专利实力或关于市场的结构性内容(比如进入壁垒、对增长潜力的悲观、满足一个商业玩家但不能吸引竞争对手的利润)或其好名声。但是,一些直接的或间接的指标能够提供深入见解,例如,其他行业玩家在积累相关专利吗? 它们的数量和增加的速度意味着竞争性研究的强度。有其他专利在引用你的专利和已发表的申请吗? 在美国,每一个专利都列出被审查员考虑过的文献,并且这些名单在美国PTO网站是可以搜索到的,因此可以很容易地确定你的专利是否对别人是充分相关的并值得引用。当它们充分相关时,你可能发现竞争对手是侵权者或你自己可能在侵犯的一个专利!

但是,大多数公司不能独自占据整个市场,但至少应该能够就哪些专利对他们起作用而发展出一个整体的认识。这些是涵盖那些具有市场优势特征的专利。它们是竞争对手要求许可或威胁要再审查的专利。如果一个专利覆盖一项能卖出产品的特征,或至少覆盖顾客不管怎样都要购买的产品,那么该专利就有了价值。这并不是特别精准的价值(像我们将在第7章看到的,专利估值可以是很狡猾的生意),但这种价值使其区别于不产生作用的其他专利。该价值可以与专利成本相比:至今的总支出,加上预期未来成本的净现值。

所以德瑞克可能希望增强图4.2中显示的图解,以增加一些更奇特的数据库功能。

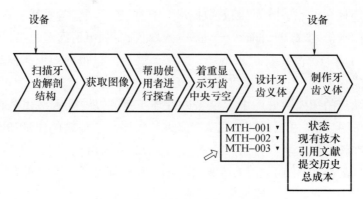

图 4.2　交互式操作界面显示的图解

例如,点击某一个输入可以产生一个菜单选择。选择"引用文献"显示一个引用 MTH－003 专利或已发表的申请的专利名单;选择"总成本"则调出一个详述该案例所有至今成本以及预期未来成本的电子数据表。德瑞克博学的行政助手已经设置了必要的数据库,并且每个月更新引用字段和成本字段,同时负责任地搜索专利局公布的引用记录并且请求会计部门(即德瑞克身兼多职)去更新电子数据表。

又如,选择"状态"则显示如表4.1所示的行(表4.1中未列举 MTH－003,仅供参照)。估测专利的实力可能要求回顾其审查历史,查看在获取准许时有没有向专利审查员做出严重妥协? 所以,德瑞克可能希望方便地接触到此类极为重要的文字工作。至少对于最近提交的申请,美国和欧洲专利局在他们网站上公开提交的历史。选择"提交历史"则运行一个脚本,而该脚本利用并与美国PTO网站连接,以获得显示 MTH－003 提交历史的记录,或直接提取该文件的存储图像。

披露是好的,但获得专利更好,可获利的专利则更是最好的。跟踪所有这些的能力,以及能够区别对待它们的这种更重要的能力,使德瑞克变成不可缺少的人和口观的知识产权组合发展的关键人物。如果他对所有手边的信息都做出良好判断,他的建议将会经常得到专利委员会的赞同,而那些甚至不情愿的参与者也会服从他设置的要求。

与外部专利法律顾问打交道。少有公司并且更少有初创公司在没有外部专利律师的帮助下建设他们的专利组合，这些公司并不能有效地与他们工作涉及几个独特的管理层面进行交涉，所有这些，尽管最终是相关的，在交涉过程中也要求不同的判断和技巧。它们包括知道什么时间打电话，建立预算并控制成本，管理文献引用，以及最重要地评估实质性产品工作。

专利过程应该从发明的生命周期的哪一个点开始？令很多人吃惊的是，这更多取决于发明的重要性而不是其发展阶段。有经验的知识产权管理员甚至也常常没能搞明白专利律师准备一项专利申请到底需要多少信息，然而结果是，提交专利申请常常（即确立优先日期）远比应该得晚。尽管专利体系确实通常保护一个主意的实现而不是主意本身，以现实的形式表达概念是专利律师的一部分责任。如果该律师对公司的技术有足够的了解，且有发明者的配合，她可能通常在电话沟通或粗略描述的基础上做出临时性的或正式的专利申请。

这么做并不总是适合的。主意越缺少革命性，验证可行性就越应该谨慎，以看清楚它作为商业产品是否可以被现实地实施。但同时，竞争对手正在辛勤地进行他们自己的研究工作并且在提交专利。嘀嘀嘀……过度谨慎有失去专利优先日期的风险，而快速扣动扳机的手指肯定会毁掉预算。为了在健全基础上做出此决定，对开发时机的清晰把握是关键性的。询问发明人做如下事项实际需要多长时间：①创造模型；②开始 beta 测试；③建立"产品化"预算并按比例增加；④取得市场推广。所有这些活动中的任意一项都可能作为申请专利的非正式最后期限。一个有效的工作演示模型显示了该主意的可行性，并通常证明专利提交的费用是有道理的。但是，如果 beta 合伙人在保密基础上进行测试，并且不为模型支付费用（以至于不发生使申请资格无效的"销售"），那么专利权利可能在整个 beta 期间被保留。产品按比例增加的预算意味着公司坚定地支持此项目。当然没有理由在此时点拖延，但是只要全部的开发工作一直被保密——没有公开声明、公司网站没有相关内容、对客户没有进行非保密演示，并且没有在贸易展上随口漏出暗示，那么理论上专利提交可以等到装货前一天。

当然这种做法将是疯狂的，你还要考虑到低成本的临时专利申请的可得性。成本低到什么程度取决于你与你的专利律师之间建立起的工作关系，并且这种关系一定是你在拿起电话讨论战略或要求临时申请时不至于担心会因此产生的律师费而发抖的关系。专利服务的大用户，特别是大学和大型科技公司，企图通过建立涉及行政收费和分摊的基本规则来管理成本——我们不支付复印或邮资，我们不支付秘书加班费，我们不支付报告或提醒信函，我们最多仅支付每小时的律师费。

那种官僚方法在急于砍掉几棵突出的大树时失去了伟大的绿色森林。成本控制的最重要方面是控制,而不是原料成本。你的法律账单等于你律师的费率乘以她在你的工作上花费的小时数,并且后者总是具有远大于前者的作用。她花费的时间越多,你支付的越多;你的技术人员贡献的努力越多,你可能支付的越少,尽管不总是那样。很多律师有意识地或无意识地拒绝他们的客户改变他们的工作方式。

那你就找错律师了。你的专利律师的部分工作是教导你的技术人员,在与他们工作的过程中,怎样有效地、以取代而不是增添律师时间的方式做贡献。这并不意味着你的工程师将撰写专利申请,他们既没有时间也没有能力。但是它的确意味着工程师们可以学习撰写临时申请的核心内容,并且给以后的正式专利申请提供足够丰富的详细描述,以至于专利律师可以一次性把文字工作做对,而不用昂贵地反复起草和重复交换。一个良好的律师和技术人员在一起工作的时间越长,他们建立起的节奏就将越快,并且成本将越低。

并不是说你想要一个需要从你那得到很多支持才做工作的律师。有时研究者根本不能分出时间来做这件事。你的律师必须能够在最少披露的情况下即刻撰写并提交专利申请,那些通常是最昂贵的工作,但是在贸易展或产品发运前夜因专利问题而使技术人员被困住的成本可能更大。时间与成本之间的权衡必须属于你,而不是你的律师。

实践风格等其他问题,与名义费率和收费相比,也远远更显著地影响账本盈亏。其中一个很重要的问题涉及处理专利局的驳回通知书。你的律师首先是一个倡导者,他不是对研究人员的附加,也不仅仅是把技术主意加工为可读文字的高价钱的代笔者。回复专利局的驳回通知书可能花费 500 美元至 5000 美元,取决于它们的复杂程度。花费本身是个极好的最小化书面回复数量的理由;另一原因是,在提交历史中的每一份文件、每一个额外文字都可能最终限制专利的最终范围。专利律师因此应该在提交回复之前,努力与专利审查员进行沟通。有时很难从其驳回的文字里搞明白什么真正影响了审查员;有时审查员不像他们应该做的一样去认真关注一份书面证据。人面对人的沟通迫使双方有血有肉地面对所有问题。仅仅"邮递送达",而没有面对面的交流,肯定会产生较低的成功率,例如,会导致更多书面回复、在专利授权前花费更多的时间,以及更多的成本。

总之,成本控制要一次性做对:在撰写的过程中,在审查的过程中,并且也在一开始之前。律师对战略标准和资格限制的认识与他的实践风格一样关键。你的律师应该帮助你在专利保护和商业秘密保护之间做决定。他也应该确保你不去提交覆盖无资格的主题申请。再一次声明,这些无资格的主题,在国与国之间、并且在不同时间内是不同的。(这看起来不需要提醒,但由于缺乏必要的评估,确实每天都有人提交非常昂贵且注定失败的外国申请)并且他应该保证,特别是在亚洲提交的化学领域的申请,你已经提供了足够的实施例子或假设的例子以获得值得的专利保护范围。

你的律师在这些领域的表现可以被量化评估,包括每一个专利的成本、平均未决时间等。显然,很多在你的律师控制范围之外的因素影响了这些参数,比如专利局的积压(因技术部门的不同会有很大差距)、技术的复杂性和发明者的合作程度。但是过了一段时间,有了足够的数据,一个统计的图像将浮现出来。对工作的质量用客观评估就远远不适合了。去评估质量可能极端困难,你可能以为专利是法律工具,并且认为我已经花费了相当数量的金钱去保证我的律师把事情做对。好吧,你的律师可能在尽其最大努力,但是最终决定他们的最大努力是否足够好则是公司的事情。

关于最大努力是否足够好,也许有人避免去问这个问题。对于专利的所有者,专利像孩子一样,所有专利都是极好的——坚强、广阔、清晰,以及一个专利权人要求的所有内容。不幸的是,现实常常相反,因为这个过程可能很容易走偏。一个有新主意的客户希望该主意立即受到保护,并常常希望保护的成本越便宜越好。他的律师或专利代理人有一定水平的技术、经验和对所讨论中技术的熟悉程度。为了维持低成本,他可能不"深入"到这个主题之中,而是单纯地依靠发明者的描述,特别是他熟悉该主题(或是非常熟悉以至于它看起来微小)。发明者,就其自己而言,要撰写一份完整的阐述,可能没有时间、组织语言上的能力,或对律师真实要寻求的内容缺乏认识。在这种情况下,所导致的结果可能是一份跑偏的文件,其专利要求可能过于狭窄甚至是误导性的。它可能很便宜,也可能很贵,成本不是可靠的质量指标。并且像德瑞克这样的人,因为从来没有参与过专利诉讼,可能认为这样是可以的:它是律师的文件,并且他支付了很多钱。

所以德瑞克怎样评估法律工作的质量呢?他应该怎样区分一份好专利与一份坏专利呢?

首先,他应该能够理解它。作为一种法律文件,专利不是写给德瑞克的,它是写给"行业中的普通技术人员"——工程师或科学人士。它不需要那些技术水平较低的人理解,德瑞克在知道这一点之后,可能会耸耸肩并认为他没有在这个知识圈之内,他不理解专利是理所当然的,但是好的专利超越法律的要求。如果德瑞克都不能跟踪自己公司的专利,只沉浸在口观的产品之中,而不是沉浸在产品运作的理论中,那么法官或陪审团又怎么能够做到呢?当然随着讨论深入至细节内容,德瑞克将遭遇技术性的奥秘和不熟悉的术语,但是即便在这种情况下,良好专利的一致性和清晰的解释应该使其能够理解。

宣传的部分艺术是知道怎样讲故事,并且宣传最终也是德瑞克支付给他的律师去交付的内容。每一个专利一定会引起一个长期持续的、直到被发明成功解决的问题。并且那个(专利)故事一定会在某个层面上与公司的商业计划保持一致。在评估了专利的背景和摘要部分之后,德瑞克应该能够鉴别出专利的重要性以及专利的工作模式。但不意味着,他就技术及其相关理论得到了完全的教育,但是他得到了足够的解释以跟踪发明者已经实现的内容。(过多教育意味着昂贵的学费,包括起草申请的律师费,及向外国提交申请的高额翻译费。)

申请更多而不是更少专利的另一个原因来自于公司对具有渲染力(专利)故事的需求:每个专利的焦点越狭窄,其故事将越具备"杀伤力"。一个覆盖无数发明点的散漫专利,并不能真正对其中任何一个发明起多大作用。

对任何人而言,专利最难读懂的部分是权利要求。尽管工作很难,但是德瑞克与发明人必须能理解,权利要求意味着什么以及它们覆盖什么;毕竟,这些是他们的权利要求。撰写权利要求与其说是一份律师的工作,不如说是一项共同的事业。发明者必须使他们自己满意:要求覆盖基本的主意、可预测的商业产品与规避可能的竞争对手。如果授权,该权利要求应该使那些竞争对手感到挫败并且嫉妒。如果从浅显的阅读之中获知上述内容,甚至在反复琢磨那些难懂的文字和条款之后也不能获知,德瑞克就应该与他的律师进行讨论,让律师讲述其推理,并告知律师你的担忧和每个发明点的优先级。

大多数专利应该同时包含对方法和产品(或机器)的权利要求[①],即便发明看起来是"关于"方法和产品其中之一。不管是从覆盖的角度来讲,还是从维权的角度来讲,这种方案是战略性的。几乎任何发明都可以被视为一种方法或一种产品;这要看专利是如何撰写的。让我们以表4.1中列出的名为"雕刻设备"的第二个申请为例。听起来它像是一件产品。为什么费力去把口观能够在大块瓷料中制造出漂亮牙齿的装置描述为一种方法呢?这是因为那个方法要求不需要列举一个机器的组成部分,因此可以更加接近它的运作理论。这形成了更广泛的覆盖范围;如果专利权利要求写得好,那些竞争对手的产品虽然可能没有特定的元件、但如果该产品实施了引导性原则,那它将落入此方法权利要

---

① 方法和产品(机器)属于不同类型的权利要求,对同一个发明其覆盖的对象和范围不同。——译者注

求的保护范围①。

相反,新流程(如一个能够产生牙齿义体设计的创造性算法)也应该以通用装置和实施它们的软件形式被撰写成权利要求。为什么呢? 考虑一下:究竟是谁将会侵犯方法权利要求。也许不是竞争对手,而是客户。(竞争对手仅制作产品,是客户在操作导致该创造性算法执行的产品,并且因此侵犯方法专利。)当然竞争对手可能对其客户的侵权负担间接的责任,但是如果专利权人想要获得竞争对手间接侵权的补偿,就必须证明竞争对手明显地诱使了该客户侵权。有时聪明的山寨产品提供商,通过模棱两可的客户指引或至少提出必须通过法庭才能解决的事实的问题,而设法逃避责任。但是,如果竞争对手出售的软件或硬件可以直接被一个装置的权利要求覆盖,则无须证明诱使。

不言而喻,公司必须裁剪其专利去适应它所销售的产品,而不是反过来。但是,因为专利对外部世界可能非常重要,比如,对潜在的被许可人、收购方和投资者,更不要说你想吓跑的侵犯性竞争对手,所以你试图去了解专利的覆盖范围并且努力把开发工作集中进入那个敞开的领域中,而那几乎总是一项徒劳的操作。重要的是最佳实践,你应该了解在不受知识产权权利约束的情况下,市场的偏好并且竞争对手可能的追求。如果只是为了提高专利的授权成功率而采用二流的技术去申请专利,则竞争对手可以围绕你的专利做改进,从而赢得你的客户。所以,如果你的专利没有覆盖最佳实践,请改变它们以至于它们覆盖最佳实践。如果你的专利不能覆盖最佳实践,则需要重新考虑专利在你知识产权战略中的地位。

与外部专利法律顾问打交道,也涉及管理文献引用。管理文献引用的大多数内容是有关技术性和行政性的,但却可能挽救一个专利免于在法庭上丢脸的失败。特别在美国,在专利审查员授权一个专利申请之前,她考虑的每一个参考文献都会增大最终授权专利的保护力量。专利的敌人很难基于已经考虑的参考文献而质疑其有效性,其原因我们将在第5章进行探讨。这是鼓励文献引用的诱饵。而挥舞在美国和其他越来越多国家手中的大棒,则是对隐瞒相关信息的惩罚。一份美国专利的申请人对PTO(专利局)负有诚实的法律责任。专利可能会因为不引用已知、相关的现有文献而违反对PTO诚实的法律责任而被

---

① 那意味着方法权利要求不应该不加思考地用动词描述装置的不同元件。他们应该列举运作而不是特定部分的行为。方法权利要求也应该用来覆盖某一单方的活动。例如,如果需要两方去执行所有的方法步骤,那两方可能都不侵权。

无效①。

随着专利组合的增长,很难保证在一个案件中引用的所有文献参考都会进入涉及类似主题的其他案件。专利律师通常在"家族"之内的相关申请中交叉引用参考,但在那些不共享正式优先级关系的申请中不必要进行交叉引用参考。不幸的是,在诉讼中的事实出现了很久之后,甚至一个交叉引用的无辜疏忽仍可能被没有共享关系的家族妖魔化。而这将对德瑞克在这个过程中很有帮助。

当一个新的专利申请被提交时,它可以与现有的归档文件就主题的相似性进行比较,并且所有被认为类似的申请的引用名单都可以被合并在一起作为一个新的名单。当然,随着专利组合的发展,针对每一个参考文献去评估每一个新申请可能是一个沉重的负担。部分解决办法是,保证与某一特定价值链成分相关的所有申请共享同一引用名单(即一个申请引用了一个新的参考文献,则这个参考文献被立即传播给其他申请)。精力充沛的数据库经理可能通过在每一专利申请的数据库记录中,存储一个可被关键字搜索的主题段落总结,而把工作推进一步。例如,如果新的申请涉及雕刻,为了得到相关申请的名单,德瑞克可以用这个关键字作为搜索条件去定位这些申请。这样做看起来是强迫症吗?当然是的。但是引用实践越小心翼翼,专利组合在诉讼中会越坚强。

参与行业标准设定

假设口观开发了一种数据图像表达形式,而它允许可导航的 3D 图像在常规网页浏览器和媒体查看器上显示。可能你不能像口观的自主系统允许的那样高飞俯冲,但至少可以在已经被牙医广泛使用的数字 X 射线系统上观察到静态的牙齿和牙冠的图像。

此图像表达方法的广泛可得性对口观是件好事情。它使其系统与现有设备兼容,并且因此降低了客户采纳该系统的抵触情绪。为了鼓励浏览器和媒体播放器的开发者支持其成像规范,口观不仅仅希望将该成像规范免费赠送,而且希望使其成为行业标准。口观相信行业标准所带来的声誉和宣传将会刺激整个行业范围内的认可。

口观应该仅仅发布其成像规范吗,或是也把它进行专利申请?知识产权甚至与行业标准是兼容的吗?

---

① 如果参考文献直接在点上,当然专利可能是无效的。但即便参考文献本身没能无效掉专利,但因为在专利局面前构成"不正当行为",专利不可维权的严苛惩罚仍有可能适用。

让我们先优先考虑第二个问题。乍一看,一个"要申请专利的标准"的想法看起来是自相矛盾的。但是现在几乎所有标准组织都允许其成员贡献自主技术。大多数标准组织要求同一条件:贡献者必须在其技术被考虑之前披露相关专利或专利申请,并且必须同意根据标准组织设置的政策授予许可。尽管一些标准组织要求贡献者给任何希望采用该标准的人授予免费许可,但大多数标准组织也允许合理的、非歧视性的收费许可。这一点将在第 7 章进行更多的讨论。

在美国,没有坚持这些指导方针的公司可能会面临联邦贸易委员会(FTC)的责难,而 FTC 一直把违反这些指导方针看成是不公平竞争。FTC 最近发难的对象包括 Rambus 公司和戴尔计算机公司。例如,FTC 发现戴尔曾参与关于 VL 总线(其带有在计算机中央处理器与它的外围设施之间的信息)的标准设定活动,并且在标准组织的程序中,戴尔被认证其没有覆盖标准的专利。而后来,尽管戴尔企图将该标准采用专利的模式去维护,但 FTC 最终剥夺了戴尔这样做的权利。

竞争对手也可能提出私人诉讼。发起一个对标准组织隐藏不报的专利的维权,用其来阻止标准采用者,可能视为"专利滥用",甚至在一些场合下构成一项反垄断违规。

即便口观有意向在免费基础上贡献其知识产权,它仍然必须学习并遵从任何一个与它有工作关系的标准组织发布的知识产权指导方针。对德瑞克而言,这意味着更多的工作。随着口观的专利组合增长,德瑞克必须维持对可能覆盖标准的专利的认识,并且如果指导方针有要求,必须不间断地披露这些专利。这对具有大型专利组合和管理监督不充分的公司,可能是很困难的任务。在这样的公司,没有任何单个个体或部门掌握公司"专利资产或单个专利的覆盖内容"的全面知识。一个缺乏对其知识产权覆盖的机构性认识的公司,会面临无意中违反标准义务的风险。即便是非故意的,这种行为仍可能导致制裁和诉讼,特别是在标准组织要求使用者支付特许权使用费的情况下。

总的来说,涉及标准的公司应该考虑如下战略:

(1)开发并维护全公司范围内专利资产的知识。知道哪些专利可能覆盖必须向标准组织提供的技术内容。

(2)在参与标准设计活动之前获得标准组织的指导方针,并且仔细记录所有承诺的工作。决定是否提出许可条件,并将该许可条件给标准组织去评估。

(3)在采用标准之前进行调查。在开始设计工作之前,预估使用行业标准的成本。

现在讨论第一个问题，口观公司应该费心把其成像规范进行专利吗，或只是简单发布它？答案取决于口观能否从对标准的控制中获得一些战略性的好处。当然很可能是有好处的，如果没有控制，标准发起者可能发现，自己只能悔恨地看着该行业扭曲其贡献，也许甚至到了这些标准不再与发起者自己的产品兼容的地步。很多年来，微软公司和太阳微系统公司就太阳微系统公司1995年引入的Java编程语言进行竞争。当微软把它自己的版权投放市场时，太阳提起了诉讼并且声称微软的真正目的是使客户负担低端标准的实施代价，并且这个实施与太阳自己的实施不兼容，让开发者难以掌控，最终使开发者从Java转移到微软的.NET平台。微软在支付2000万美元赔偿后，停止对Java的支持并创造了C#语言。不管"Java战争"是否最终有明确的胜者，教训是清晰的：甚至一个有意赠送技术的开发者，也应该努力通过知识产权保持对技术的控制，试图阻止该技术被竞争对手滥用或蓄意破坏。

成熟的公司

德瑞克的年龄增长了，公司也得到繁荣发展，公司的经营范围开始多元化——其牙科部门发展进入了钻孔、拔出等相关设备的研发，其3D成像部门现在也开始向牙科以外的世界提供服务。随着这些部门进一步发展和分叉，口观公司将遇到什么样的成长烦恼呢？其知识产权管理工作怎样进行适应性地改变呢？

知识产权管理的责任将很自然地分散至相关部门的经理。但是，那不意味着放弃企业层面的战略。如果没有强有力的高水平的监督，不同的公司部门可能不知不觉陷入相同的模式，并且涉及可量化测度的标准的情况更是如此。例如，没有哪个部门领导希望在提交或获得专利方面变成落后者，即便其部门几乎不能从专利中受益。与其他部门之间不断扩大的数值差异是导致批评的突出标的，因此各部门总是试图将这种差异最小化，而这通常有损于公司的战略，除非管理高层不是简单比较结果，而是很严肃地执行一致的标准。

特别是最高层的执行人员（最好是CEO），应该给予部门领导广泛的空间去为其部门创造知识产权战略，并且应该坚持要求部门领导定期提交以财务表现为基础的进度报告。强有力的部门可能放弃专利申请，他宁愿将技术资源放在打击竞争并开发下一代产品上；当然，在市场中成功是必要的，但是如果没有知识产权保护，下一代即可能是公司的最后一代；相反的，滞后的部门可能为了迎头赶上而在知识产权上过度花费；然而，最强的专利可能也不会销售一个产品，一个复杂的知识产权战略也不能替代市场营销战略。

决策层进度报告可能采用表4.1的形式,并且明智的高层管理人员只专注于最后两列。一定不要害怕问这个尖锐的问题:这个产品实际什么时间将会出现? 那个产品已经达到了其市场周期的结尾了吗? 如果是这样,为什么我们仍然追求世界范围内的专利保护呢? 高级公司执行人员必须具有来自部门知识产权经理的合作,以区分:在目前进行中与产品直接相关的知识产权、在特定的(与可验证的)时间框架之内与未来产品或战略相关的知识产权,和没有与什么特别相关的知识产权。

任何与强有力的部门相关的知识产权,并且特别是与特定产品现在不相关的知识产权,都应该考虑如何进行许可。如果一个部门很热,它显然已经打入了市场的时代潮流,所以甚至未使用的知识产权对竞争对手或互补的行业而言都是感兴趣的,但是识别许可的机会可能是挑战性的。怎样能知道一个现在没有进行侵权的竞争对手是否会愿意缴费以得到许可呢? 一个常见的权宜之计是找出可许可的专利,并且以电子的形式统计哪些公司的专利引用了它们。问题是每个公司的专利都落后于它的创新,而落后的年数为专利授权所需要的时间(通常至少三年)。而今天授权的专利反映昨天的优先日期。

另一个方法是把相关专利包装在一起,并试图将他们覆盖的技术定义为行业标准。如果想广泛进行许可,这种方式是可行的,但广泛进行许可会消除与强大玩家进行排他性交易的可能性。除了与竞争对手、供应商和客户之间进行不间断的友好对话之外,真的没有公式去识别许可的机会以及去识别行业交易过程中的焦点。了解一个涉及你希望买卖的专利的类似交易,是接近一个新的优质被许可人的完美开始,因为该被许可人可能希望把自己的技术储备做大。

专利的自动化分析

由于去监管一个增长的、向不同方向分支的知识产权财产很困难,去识别潜在的专利地雷和机会也很困难,一些试图把这个过程自动化的咨询服务和软件工具接连出现。通常他们提供的产品在性质上是高度可视化的,并且看起来像是一个穿过不透明混乱市场的灯塔。但是,可视化的清晰度可能是误导的。自动化的分析工具并没有那么灵活,采用这个工具砍过灌木丛时可能被大块不相关的材料绊住,且同时可能剁掉了重要的部门。

自动化的知识产权报告通过对相关业务的分析、对广泛概括的规避,以及对其局限性的鉴别,常常能提供一些有用的数据,但有时却几乎没有提供有价值的东西。如下是一些典型的报告,让我们看看这些报告旨在提供什么,以及它们实际交付的是什么。

（1）专利"点击次数"，其试图跟踪针对一个特定技术每年发布的专利数量。此方法是观察该技术是否在一段时间内升温或冷却，并且去识别主要参与者。问题是不断变化的科技词汇伤害了识别所有的相关专利的能力，并且"专利公布的滞后"意味着所有信息都不可避免地过时多年了。

（2）专利格局，是自动化知识产权分析的代表性的图形功能，以地图的形式描述专利是怎样围绕着各个技术领域聚集的。此方法揭示出竞争对手的研究在哪里是最活跃的，并且你自己的研究应该在哪里（最好是远离被聚集的领域并朝向稀疏的领域）发展。尽管专利的总数有时示意竞争性威胁，专利活动不需要与研究成果或市场动力相关。一些公司不管价值怎样都提交很多专利，一个新领域中很广的、前沿性的专利（比如覆盖一个门类的药物）可能使最稀疏的地域也变得新进入者很难进入。当被比较性地利用时，专利格局报告可以提供最大的相关性，比如，具有相似专利分布的公司可能是兼并、许可或合作的有吸引力的候选人。

（3）现有技术在竞争对手专利中的引用，为无数报告提供了素材。在一个特定技术领域中被引用专利的年龄的中位数，有时被用于估量该技术是刚刚兴起并很热门的，还是已成熟且不再令人兴奋的。而这是具有潜在误导性的概括，因为较老的引用可能仅仅代表对仍在萌芽领域的已失效的阻碍，并且"专利滞后"会阻碍对当今热门内容的了解。分析竞争对手对你自己专利的引用，可能揭示进行许可的机会或不盈利业务线的潜在收购者，但也可能只是说明你的已知竞争对手而已。一些报告为了揭示最具威胁力的专利，可能会显示在该领域中被其他人最经常引用的专利，但一个专利的引用频率常常更多说明其年龄而不是其重要性，并且一个被多次引用的专利可能具有狭窄的权利要求。专利因为其信息价值而被引用，是因为它们披露的广度，而不是其权利要求的广度。

（4）发明者报告可能显示谁在一个技术领域是有创新性的，以及哪个公司由其智力劳动获取了相应的好处。但它也可能揭示谁任性地把他的每一个怪念头都进行专利，或哪个部门经理在滥用专利去增加他们商业部门的能见度。

自动化的 IP 分析可以轻松地制造出大量的数据——太轻松了。危险存在于你只是从原始数据之中提取一般性的结论，而数字其本身很少是有意义的。自动化的报告可能能够在进一步分析和探究之前提供一个粗糙的初步剪切，但是应该避免过度依赖喘不过来气的多彩演示——无论这些演示怎样承诺或怎样昂贵，因为过度依赖的成本一定是巨大的。

在评论一个自称世界最好的画匠时，评论者 Clement Greenberg 讥讽地说："他不是一点天赋也没有，但他是二流的。"自动化的知识产权分析也是这样。

第 5 章
挺过知识产权纠纷

可怜的德瑞克，但商业现实就是商业现实，在某些时候，口观将收到指控它专利侵权的信函，或自己发出一封这样的信函。这是在市场上游戏的代价。尽管只有大概 1% 的美国专利曾经进入法庭，任何时候进入法庭程序的专利及其对专利所有者的重要性，使商业科技参与者有可能最终被卷入专利纠纷中[①]。口观公司对威胁或是对进行威胁的机会的初步反应是通过选择决定放弃或保留，甚至是预先决定结果，这很可能决定纠纷的进程。

受到威胁的一方

威胁可能只是一种法律计谋，但公司是人经营的，当受到威胁时，公司将从人的角度做出反应，这常常要经过一些阶段，而心理学人士把这些阶段与痛苦或创伤联系在一起：恐惧、否认、生气、内疚、讨价还价、抑郁和接受。当然，有自尊心的公司都不会承认自己有这种情绪性的、不合商业规范的行为，而这些公司也许正处于最大的危险之中。在口观不愿意承认这种人性深度痛苦的反应时，口观已经被大型竞争对手在关键的商业时机（被指责侵权还有更合时宜的时间吗？）威胁，并且有可能以无数弄巧成拙的方式做出反应。而一旦采取措施，鲁莽的行为就不能被收回。最危险的失策排行榜列举如下：

（1）把头埋入沙子里。那是恐惧和拒绝：如果我假装它不存在，它可能将会消失，但事实上它并不会消失。这些不辞劳苦分析口观产品、启动法律机器并且接受反攻的风险的人，不太可能消失。此外，在口观不知道的时候，它可能已经被起诉了。在美国，被威胁的人很容易抓住诉讼主动性并且起诉威胁者。

[①] 统计上讲，美国专利诉讼的数量在 1985 年—2000 年大幅增长，但是诉讼相对于已授权专利的数量的比例维持不变。

这一点内容我们以后进行更多探讨。目前,要点是威胁者常常首先起诉然后再进行谈判,这是为了避免其威胁的目标抢先去选择法律诉讼的时间和地点。口观将很快了解到它已经变为诉讼被告人。法庭记事表是以电子形式可得的,并且诉讼律师很"饥饿"。口观将立即发现自己淹没在寻求提供昂贵支持的律师的同情关切表达之中。但是,目前,让我们假设,口观已经被威胁了但还没有被起诉。它应该立即采取什么样的措施呢?不久之前,口观还履行其"勤勉义务"以避免侵权。若没有从其律师那里及时得到专利是无效的或不相关的把握,口观则冒着"故意侵权"的风险——这可能是一个对其技术的谴责,但事实上它带着沉重的法律惩罚:多达赔偿金的三倍,在特别情况下,还需要支付专利所有者的律师费。(鉴于在很多欧洲国家,败诉者总是支付胜诉者的所有或一部分律师费,很多人批评"美国规则"是鼓励诉讼的,"美国规则"假设,在没有极为恶劣的行为发生时每一方支付自己的律师费①。)

目前,法庭已经取消了勤勉义务,并且随之取消了需要正式法律意见的规定。但是,故意侵权威胁的消退,并不能冲抵快速评估风险并形成明智的战略。一旦法庭发出禁令或裁决巨额赔偿,可能会像三倍补偿一样致命。

(2)表达自己。愤怒可能会刺激口观去赶快回复专利所有者。他怎么敢指责我们专利侵权!对竞争对手的专利权利主张的通常反应是,此专利完全是垃圾,怎么可能会有人把它进行专利,并且如果让其大声说出来的话,每个人都在做这个并且已经很多年了!不管怎么说,它不覆盖我们的产品。可能有人会建议去咨询公司的专利律师,但是被热情淹没了的经理人认为此问题非常直接,不需要昂贵且谨慎的律师(因为这样会放慢进行严厉的快速反击的速度,从而不能更快地获得快速反击带来的那种令人晕眩的满足感)。在这里,愤怒与悭吝混杂在一起导致了危险的结局。发怒的德瑞克可能忍不住不仅仅去嘲弄专利所有者的主张,而且为其做出的嘲弄找出理由。这种理由,并没有被理智地分析,因此可能向专利所有者提供并非故意的(但潜在致命的)、某种意义上的承认。比如,"我们没有侵犯你如此糟糕的专利,因为我们是这样做的……"这告诉了口观的对手所有她需要知道的东西,如果该专利确实覆盖"这样做的"、不管其外表是怎样的行为。

在愤怒中的答复也可能使案件的真正价值变得模糊。要知道,理性的专利所有者,甚至那些鲁莽地指责你侵权的人,若其没有赢的把握就不会提出诉讼。

---

① 例如,在德国,法庭根据涉及在案件中的经济利害设定可赔偿的成本。尽管支付诉讼双方成本的威胁提供了对诉讼的强大抑制,那些成本可以比在美国显著更低。在德国诉讼一整年的成本可能低于在美国一个月的成本。

如果我们有一个建设性的开始，比如，申明公司政策总是尊敬有效的第三方知识产权权利，然后对专利要求或现有技术进行清晰地分析，可能会使之消除敌意。相反，一个愤怒的回应，会阻碍沟通并实际上引来诉讼。不同的情况要求不同的技巧：比如向对方索取进一步信息或用你自己的专利进行对攻，甚至提起一个可能先发制人的诉讼（如下更多）。最优的方法从来不是通过愤怒而想出来的。

（3）成为你自己的律师。略微理智且很便宜的做法，是愤怒的被威胁者让它的工程师先分析专利并且提供一个估测。但是，工程师不仅仅不符合条件去做估测——专利是法律文件，而不是科学论文，而且很可能分担该公司的愤怒感觉，或觉得有义务去告诉管理层希望听到的内容。管理层与技术人员都没有相关法律背景，不能客观地分析对方专利权利要求的好坏。如果缺乏这种分析，口观就不能采用缓和性战略，比如回避该专利或进行专利有效性分析。

一份内部分析可能会引起恐惧而不是愤怒，随后是听天由命的接受。口观感觉被击败了，并可能命令其工程师去围绕专利找到其他方法，任何方法都行。但是，轻率的防御性行为，可能有时比欠考虑的进攻更差。例如，盲目地围绕专利进行设计，可能在竞争性市场环境中损害公司的地位——如果专利实际没有被侵权的话，这一切都是白搭。当然任何一个被威胁者都应该进行初步的内部分析，但它是帮助而不是替代其律师的努力。

但是任何内部分析都不应该写在纸上或留下书面痕迹：无论是以电子邮件、往来信函、备忘录，或甚至手写笔记的形式。在美国，所有这些都会落入对手在诉讼中取证的范围内，而这意味着它们可以并且将被用在法庭上并对口观不利。这些证据被列入取证范围的有限例外是当事人与公司律师的沟通，但是例外又还有例外。现在，建立"非书面"的规则制度远比执行它要容易。面临侵权索赔的公司必须沟通，并且有效沟通的需要可能有时要优先于预防性的措施。了解风险，再做决定。

（4）告诉你的朋友。但是，对沟通的要求是不能走出公司的大门。客户可能问德瑞克他计划怎样处理对手那个专利侵权的要挟。爱打听的记者可能邀请他去讲讲他这一方面的故事。朋友们可能表达同情。讲话的诱惑（沿着旗杆升起无罪的开脱的旗帜并且希望获得赞许的致敬）可能是极好的，而这甚至令讲话人自己都感到意外。

必须坚决地抗拒这个诱惑。德瑞克不能假设他的对话者具有严谨的判断力。因内疚而找的推脱性借口容易被认为是承认。毁谤你的对手可能导致诽谤诉讼或不公平竞争的索赔。在你已经制定出了战略之后，你会有很多时间去在公众场合面对争议。

（5）收回证据。如果在德瑞克已经把一些对自己不利的想法写了出来，才想起来不应把想法落在纸上的规定，那怎么办呢？他应该删去那些妥协性的电子邮件吗？如果这些电子邮件在口观收到法庭传唤之前就存在，那么毁灭它们可能相当于篡改证据，并且导致制裁或法庭对被毁坏内容做出有利于指控方的假设。

在这个方面，甚至即便在处理公司的日常文件销毁政策之时，也请小心。例如，不要在你收到法庭传唤之后采取那个文件销毁政策（即使是日常性的）。也不要在那个时间点明显地"提醒"雇员。在 2000 年 12 月，一个曾负责多家大牌科技公司在华尔街首次露面的、富有的投资银行人士，在联邦政府要调查时鼓励下属"清除"他们的文档，四年之后，因为这封 22 个字的电子邮件，他被宣判妨碍司法和目击篡改，并且被判在联邦监狱服刑一年半。

这话从律师嘴里说出来看起来是给自己揽生意，但对待一封指责你侵权的信函的唯一正确方法是打电话给你的专利律师，并让他拿出个应对方案。这个方案也将以侵权分析为开始，对专利、专利权利要求及其审查历史的仔细评估。在美国，专利申请人和专利局之间商榷的文档记录可能强烈地影响如何解释专利的权利要求。同样，权利要求的术语可能是有限制的，需要根据它们在专利说明书下的使用或定义来确定它们的真正含义①。表面看起来很可怕的威胁，可能在仔细分析之后，结果是无害的。或者，此分析可能会为回避专利的其他设计选择上提供灵感。一份规避现有专利权利要求的热忱努力，即便最终不成功，可能至少排除了故意侵权的可能。

如果侵权看起来是可能的，并且也没有找到专利回避设计的相关战略，专利有效性分析可能是和解之外的最佳选择。尽管专利被假设是有效的（更多随后讨论），但如果能证明，在专利提交之前，或在美国在其发明之前，或在提交的多于一年之前，权利要求涉及的主题已经被公众所知晓，专利权利要求就可能被推翻。当然，专利局在审查时已经进行了搜索，并且在考虑了检索结果之后仍然进行了专利授权。但是审查员可能会有疏漏，或可能根本没有接触到某一期刊论文或会议论文。在相关文献的大海中捞那根致命的针，可能要求巨大的投资。专业化的搜索公司已经围绕它们用来进行搜索模糊信息的知识库的技术建造了有利可图的业务。一份在布拉格发表的并且保存在一间发霉的图书馆的德文摘要，对一个美国专利而言，与一篇发表在《科学》杂志上的文章一样有力。

---

① Lewis Carrol 在写下面这话时看起来考虑到了专利律师："当我使用一个字，"Humpty Dumpty 以不屑的口气说，"它的意思只是我选择它意味着的意思，不多也不少"。"问题是，"Alice 说，"你是否能使文字表示那么多不同的事项。""问题是，"Humpty Dumpty 说，"哪一个是主人——说完了。"像 Humpty Dumpty 一样，专利撰写者是她使用的文字和她怎样定义它们的主人。

当然最后可能没有"针"。或者可能没有哪根针足够尖锐以刺穿所有的专利权利要求,而每一个专利权利要求必须被分开考虑。记住,范围狭窄的要求,更难以使之无效。不管搜索成本怎样,有效性分析一般很昂贵,一个单独专利的底价通常是10000美元:因为要对每一个专利权利要求进行有效性分析必须对专利本身、其审查历史和熟悉该技术的技术人员是如何理解的这些细节都进行分析。

起诉或不起诉?

如果口观公司就其义体系统获得专利权并且发现了一个销售侵权产品的竞争对手,怎么办? 基于什么样的战略性考虑来决定是否提起诉讼呢?

在第二章,我们回顾了美国诉讼的基本程序,但我们主要的焦点是取证的程序。这里我们将考虑影响是否以诉讼为解决争议方案的因素,并考虑一些其他方式。

任何一个考虑了诉讼的公司必须进行一些内部的自我反省。这一过程有一部分是简单的尽职调查:了解你的专利的实际范围、识别潜在的弱点、就你怀疑的侵权产品(或生产过程)发掘尽可能多的信息,并且明确你希望通过诉讼而成就的具体目标。在审判的预备期,法庭将仔细分析专利权利要求并且决定它们意味着什么。那么,在决定是否起诉之前,必须就诉讼的最后可能结果进行仔细的分析。当专利权利要求的范围因关键术语的定义而受到约束之后,它们仍将覆盖竞争对手的产品吗? 例如,你的专利真的讲授了竞争对手所出售的东西,或者需要延展专利权利要求的语言或完全按照字面解释专利要求的语言才能覆盖竞争性产品吗? 你仍可能赢得诉讼,但是随着每一个对专利的核心讲授内容的偏离,胜诉的概率也随之降低①。在权利要求的解释性范围的极端边缘是等价原则,即希望法庭扩展专利权利要求使其不仅仅包括字面所覆盖的内容。但仅仅基于这个希望而去提交侵权诉讼,是不明智的。

决定你的专利权利要求和审议中产品的适合程度,也强烈地取决于你对那个产品的了解。你能获得一份样品并由中立的专家对它进行描述吗? 制造商是否声称其产品符合你有专利覆盖的行业标准吗? 如果是,你的专利对标准的

---

① 专利权利要求通常不只覆盖在专利背景下的具体实施例,美国的案例法阻止法庭把专利权利要求限制于在专利中所披露的内容。同时,专利权利要求的覆盖必须最终与专利的教导内容一致。因此,公平起见,法庭可能拒绝让一项专利权利要求去覆盖某些主题,这些主题尽管被文字按照字面意思所覆盖,但与专利的教导内容明显背离,以至于该覆盖只是偶然性的。划分公平和过度解释专利权利要求的界限,是一种大智慧。

覆盖是否达到了"每一个依照标准可能的实施必然侵权"的程度？有时,诉讼一个不合作的竞争对手只是为了获得足够的信息去估测侵权。但是,合作也常常可能被引导出来。你的询问要专注并具体:你需要足够的信息去核实你的竞争对手对侵权的否认。当然,你可能需要的不仅仅是给自己用的(并且可能误导的)解释。如果侵权涉及一个生产过程,你可能提出让一个互相都可接受的实验室去评估它与该专利的相关性。该实验室可以把它的报告直接公布给你的律师,且仅仅供她参阅以保护商业秘密。类似的方法可以被用于即将上市的产品或那些涉及自主配方或隐藏特征的产品。你可以向对方解释:这种做法的目的是减少诉讼。如果对方那些非侵权的抗议能被信服,即使提起诉讼他也会胜诉,因此这样做双方都能节省不必要的花费。

审查你的专利的明显弱点,然后完成尽职调查。

(1) 自从专利被授权之后,发现有任何潜在的具有破坏性的现有参考文献吗？如果是的,你或许可以考虑在诉讼之前通过专利局重新授权或重新审查该专利。(如果你在审查中就知道这些文献,但你没有把它们披露给专利局,你就会有麻烦,特别是在美国,所以你最好把该专利进行重新审查。)

(2) 如果你在提交专利申请之前没有进行可专利性的检索,那么现在请进行检索;你的对手肯定会进行相关检索。即便你已经进行过检索,那么请考虑再进行一次更彻底的检索。在你提交诉讼之前,在你还能对其做些什么的时候,最好了解其弱点。再一次,专利总是可以被重新授权或重新审查的。

(3) 评估发明权。在美国,发明权是个纯法律性决定,并且如果专利列出太多或太少人,例如,把一个不重要的贡献者命名为荣誉的贡献者,或因为一个发明者在专利申请被提交之前离开了公司而遗漏他,该专利是无效的①。发明权错误常常可以被修正,但如果涉及故意的欺骗则不能。

(4) 考虑让一个并非撰写你专利的律师事务所去评估它和竞争对手的产品,并且进行侵权研究。你要发现你的案件中的所有缺点。

在美国,专利所有者倾向于对侵权问题而不是对他们专利可以攻击的脆弱性而焦躁。这是因为专利享有法律上的"有效性假定":法律假定专利局在发布专利时知道是在做什么,并且向任何挑战专利有效性的人投掷了沉重的法律负担②。例如,很难通过宣称审查员没有给予这个或那个现有参考文献足够的权

---

① 在中国,发明权的归属问题不是专利无效的理由。——译者注

② 法律要求专利有效性的"清楚并令人信服的"证据。在大多数民事诉讼中,一方必须仅仅通过"证据优势"而承担举证责任。为了感觉一下差别,请想一想前者("清楚并令人信服的"证据)为定罪,而后者只意味着较有可能。两个标准对于刑事定罪而言都远远达不到其"排除了合理怀疑"的基准。

重,而推翻一份专利,法庭通常将服从审查员的判断。在其他国家,情况则不同,法庭很乐意去猜测专利局的意思。但是,尽管服从,美国法庭发现只有大概30%的被诉讼专利是有效且被侵权的;剩余的则是没有对它们的所有者提供货币奖励或其他永久的补偿。

假设口观对其案件(根据清醒的统计数据)具有信心,那么现在来处理一些更困难的问题。准确地说,他们企图通过诉讼得到什么呢?考虑到涉及的费用,最明显的吸引力但愿是钱(过去损害的赔偿),与消除直接竞争性的威胁(那将增强口观的市场地位和未来销售收入)。德瑞克必须把这些因素量化,以保证战利品相对于战斗的成本是值得的。

口观可能也把诉讼视为许可收入的渠道。如果战争是一个外交的头脑撞击版本,诉讼则可能是谈判的绝望形式——有时候小的参与者必须咆哮才可以被听见。对初创企业要想许可更是这样。口观实际销售的产品已进入市场并且可能已经得到大型竞争对手一定的尊敬,但初创企业并不会获得像口观一样的待遇,大型公司对新进入者进行许可看起来像是暴发户仅仅为了一美元而勒索艺术家。大型公司认为,也许新进入者应该走开,也许他们不能负担起第一流的律师,或者他们的专利也不是那么好。可能他们会用光了钱,然后我们可以在低点收购他们的技术。这些反应不能算是对知识产权权利的不尊重,而可能是来自向竞争对手的技术上税的自然反感,因为该大型公司已经花费了很多金钱去开发该技术。不幸的是,那个技术可能践踏先前的其他人的权利,并且诉讼据说能在态度方面创造奇迹:起初看起来像是冒犯的东西,可能在即决审判之后,给失败者带来难以置信的商业机会。

许可人常常有起诉的合同义务,因为没有哪个被许可人可以宽容被许可的知识产权具有侵权行为。搭便车式侵权者不支付被许可人已经同意支付的税金,并且将直接以低于被许可人价格的方式进行索价。这些侵权者必须被阻止,否则许可将对任何一方都没有价值。哪一方有权利或义务去提起诉讼,可以是变化的。一个排他性的被许可人有权自己提起诉讼,而非排他性被许可人通常指望许可人提起诉讼。许可可能包含某一方或另一方提起诉讼的义务(比如,受到被许可人销售或许可人特许权使用费的可被衡量的影响),并且如果有义务的一方不能完成其责任,则许可施加惩罚(例如,排他性的丧失或者许可的完全终止)。

间接地,口观可能担忧不起诉的后果,特别是公然侵权。在知识产权违法面前的被动性,经常会导致对方进一步的违法。

上面那些是支持侵权诉讼的正面战略性因素,也有很多不利因素。成本是其中一个，还有知识产权的风险和市场能接受该技术的风险，以及被不公平竞争反诉置于防御地位的可能性。好的诉讼人了解这些危险，并且只要可能，就会寻求可能的和解条件而不是彻底的胜利。

在破釜沉舟进行诉讼之前，概述出你能接受的最差和解条件，并且考虑其他选择。有与对手进行战略兼并的可能性吗？最好在采取法律行为之前探讨那个可能性。知识产权诉讼与商业口角是完全两个概念，在商业口角中只关注金钱。就像以前注意到的，对公司知识产权的威胁代表对其身份的威胁，并且一旦诉讼被提起，兼并或收购可能永远不再予以讨论。提起诉讼本身即被视为做出了不可原谅的损害：向被告技术的原创性提出质疑、刺激被告去避开经济上有吸引力的兼并（出于市场将把兼并解读为投降的公司）、在未来知识产权争议中破坏被告的地位等。

当通过侵权指控接触其竞争对手时，口观必须小心处理，以避免无意中被该指控反制。在美国，甚至轻微的威胁就可能引发"宣告式判决"（即不侵权）的司法管辖，通过此程序，（侵权）竞争对手会把口观带上法庭，而不是相反。换句话说，在宣告式判决的案例中，被指控的竞争对手先发制人地发起进攻，挑战指控的基础并要求法庭"宣告"所声称的专利为无效或为非侵权。抢先提起诉讼带来一些程序性好处，最显著的好处是关于时机和法院的选择。因此，关键是口观在它研究侵权并探讨诉讼的选择时保持冷静，如果口观必须攻击，则以它自己的条件和时间表进行攻击。

诉讼之外的其他选择

并不是每一个争议都以诉讼为结束。任何希望挑战专利的人都可以行政性地通过专利局而不是在法庭上进行挑战。各个国家的程序不同，但是几乎所有国家都允许公众就专利授予或专利授予范围是否适当而参与进来。

知识产权争议的各方可能也选择放弃诉讼的花费和纷扰，而同意用"选择性争议解决（ADR）"方法解决。ADR中最著名的是仲裁和调解。这些程序使涉及解决冲突或结束冲突的步骤合理化，并且在仲裁和调解过程中给予各方不同程度的控制。在一些人看来，知识产权争议的复杂性以及（因此产生的）成本，使ADR成为解决知识产权争议的理想候选方式，而其他人恰恰持有相反的观点。

在本节，我们将探讨支持和反对这些诉讼之外其他选择的因素。

调解和仲裁

调解的本质是结构化的谈判。不能有礼貌地讲话或客观看待他们争议的当事双方,在 ADR 培训过的调解人帮助下,至少就谈话的程序达成一致。为了调解成功,目标必须是和解而不是战胜。调解人企图帮助每一方认识其地位的长处与弱点,并且基于对这些现实的共识(即使是不情愿的)促进协议的达成。对于易怒的法庭律师,调解可以变变印象:毛绒沙发,新世代音乐,一些邋遢的、发出陈词滥调并指挥非洲裔 Kumubaya 圣歌的留长发者。调解不提供取证,也不对不合作方提供纪律权威性的裁判员,也不提供在宣誓下面听证证人的机会,并且也不提供临时救济或禁令的可能。简而言之,没有人真正负责。

调解的支持者把调解不存在像诉讼一样的对立环境视为正面条件,而不是负面条件。失去了诉讼的形式和压力,调解程序使双方达到各自同意的结果。此程序是灵活的,私下的——不像诉讼会制造大量的公开记录,并且非常快。结果,在所有争议解决的程序中,调解提供了保持关系以向前发展的最大机会。

因此,调解比较适用于那些基本事实简单(不需要取证)、无可非议、并且存在一种值得维持的关系的争议。例如,许可协议的各方对哪个产品属于特许权使用费范畴,或怎样计算净销售存在异议,但对于其他的商业安排还是满意的。如果各方存在妥协的可能性,那么一个对相关法律熟悉的调解人可能可以帮助各方渡过使他们立场分隔的法律和金融分歧。对于立场坚定,或以赢取所有胜利为目的的争议,调解则不适合。调解人员所扮演的多是帮助双方进行分配的角色。

调解可能遭受滥用。人们会利用此程序的灵活性去拖延时间,并且力量的不均衡可能破坏进行和解的努力,即使双方都是开诚布公的。调解不交付决定,也没有明显的最终停止点,所以知道什么时候停止很重要。

在形式、可得的救济和对各方权威方面,仲裁位于调解和法庭诉讼之间。各方一般先对基本原则达成一致(例如,目前很流行的国际商会发布的指引),然后根据那些规则选择一个或多个仲裁员。每一方常常各选择一个仲裁员,且另一方没有因为利益冲突之类问题进行反对,然后这两个被选择的仲裁员指定第三个仲裁员。基本原则可能对如下做出规定:有限的取证、禁止令和临时性的救济,以及一定程度的监管——该监管通常更多取决于仲裁员的个性,而不是约定的规则。并且,不像调解,如果一方不喜欢争议的进展情况,它也不能不受约束地单方面终止程序。通常仲裁在听讯中达到顶点:在听讯中,每一方陈述案情,并且也许面谈证人(尽管没有在宣誓之下)。仲裁员的决定一旦做出,对双方都是有约束力的。法庭可以调解双方执行该仲裁决定,即使一方不高兴,法庭也几乎不干预该决定,除非在纯粹的欺骗或仲裁员失去控制的情况下。

仲裁的主要好处是速度快、成本低、隐私性高,并且当事人可以选择具有特定技术或商业领域的专业知识的仲裁员;相比而言,诉讼当事人则不得不接受他们抽签获得的法官。复杂争议涉及的难懂的科技、无数参与者和需要保守商业秘密的要求,在理论上可以通过双方共识的取证程序而进行仲裁。但是如果一方抵制,或不是完全地坦率公开,则会怎样呢? 可能强迫合作与完全终止仲裁一样困难,而这种困难导致了仲裁决定不可避免地是基于不充分记录而做出的。

老一套的看法,仲裁是一种快节奏的程序,在这种程序中双方把详尽的案情陈述给仲裁员,该仲裁员将简单平分其差别。像所有的老一套,这种看法不公平但是揭露真相。仲裁员确实倾向于把他们自己视为在解决争议而不是判定争议①。并且,像调解一样,仲裁适合于事实问题清晰的争议,而这些事实问题具有双方都同意的参数,例如,在一份许可之下应付的金钱、产品是否与行业规范或合同规格一致,或涉及公共可得产品和专利权利要求无争议的专利争议。随着法律问题成倍增加,或如果取证变得复杂,仲裁相对于诉讼的成本和速度优势则下降,并且仲裁因为缺少强有力的核心控制和机构化的权威,而变的劣势更为明显。

表 5.1 以必要的过于简单的形式总结了一些可能解决争议的不同方法的优势和劣势。

表 5.1   可能解决争议的不同方法的优势和劣势

方法 因素	调解	仲裁	诉讼
对立关系	无	少数	有
可得的上诉机会	无	很少有	有
保密性	有	有	无
成本	最低	居中	最高
主导者	政府	仲裁人员(依据基础规则进行仲裁)	法官
证据	无	有限制地	有
禁令	无	有时有	有
速度	最快	居中	最慢
压力	很小	居中	很大
证人	无	可以作证	必须在宣誓后作证

① 需要强调的是:任何事,包括仲裁员做出妥协判决的自由裁量权,是在各方的自由裁量权之内的。并且各方设置了规则。例如,"棒球风格"的仲裁要求仲裁员不加修改地在每一方提起的判定条件之间进行选择。

重新审查和异议

审查员授权专利的意愿不意味着事情结束。大多数国家提供一些形式的授权前或授权后的异议,他方甚至申请人自己,去要求专利局考虑(或重新考虑)可专利性的相关问题。异议必须在一定的时间内开始,而该时间通常是在专利授权后的 9 个月,或在审查员发布授权意向书后的相似期间①。在异议期间终止之后,专利即不能够再通过专利局被挑战;对手的唯一救援是法庭。相比而言,美国的重新审查体系,允许外部各方在专利生命周期的任何时间挑战一个专利②。

由于欧洲专利实践的性质,异议在欧洲具有特别的重要性。像之前解释的,欧洲专利必须在欲维权的欧洲国家被确认有效(即被翻译或被注册)后才能被维权。换句话说,欧洲专利成为一系列"国家性"的专利,而每一个专利都具有其自己的生命周期。比如,对一个法国专利的成功法庭挑战,将对德国或意大利专利没有直接影响。不同欧洲国家的法庭,具有不同的程序,并且就专利的有效性和范围而言很可能得出不一致的结论。只有异议的机制才考虑单一、集中化的法律挑战。异议的后果——从彻底的专利取消、到专利范围的收窄,到根本不改变,将被传到每一个专利被确认有效的欧洲国家。

所有可专利性的前提——新颖、创造性、充分公开,在异议中都是猎捕的对象。对手只需要在欧洲专利局面前递交他的案件,然后随程序缓慢进行而参与其中。专利所有者或反对者都可能就异议的结果进行上诉。平均起来,在欧洲专利被授权之前通常要耗费约为四年左右的时间,在此基础上一个异议(包括上诉)又需要三年以上的时间去解决,这进一步推迟了专利的可维权性。这些时间都要从专利周期中扣掉,而专利周期是从提交申请开始计算的。考虑到所涉及成本相对较低③却能有相对较高的成功率(大约 1/3 的所有被异议的专利被完全废除),以及无论如何都会显著推迟的专利可维权性,在欧洲,异议被证明是非常流行的,几乎 8% 的欧洲专利都遭遇异议。

不利于专利所有者的体系面临不断抱怨,而日本则干脆废弃了异议体系并

---

① 《中华人民共和国专利法实施细则》第四十八条规定:"自发明专利申请公布之日起至公告授予专利权之日止,任何人均可以对不符合专利法规定的专利申请向国务院专利行政部门提出意见,并说明理由。"——译者注

② 中国没有重新审查,但是允许他人或自己在专利被授予后的任何时间内向专利复审委员会提出无效申请。如果当事人对无效结果不满意,可以向法院提出诉讼。——译者注

③ 从开始到结束一般需要花费 15000 欧元至 25000 欧元。

支持了日本专利局的"失效审判"。该"失效审判"与美国重新审查体系相似。在美国,任何人(包括专利所有者),都可能要求 PTO 重新考虑一个已授权专利。如果重新审查的要求者可以说服专利局,在专利中存在一个可专利性的实质性新问题,那么审查将被重新开启,并且专利所有者必须面对这些新问题。就像在异议程序中,一个专利可能不受伤害地摆脱异议,但专利权利要求则可能发生变化,有可能被收窄也可能不被收窄。

AIA(即美国 2011 年颁布的新专利法)彻底地修改了美国的再审查体系。现有大量的做法可供选择:

(1)单方面的重新审查。此做法从 AIA 的改革中基本上完整地浮现出来,这个单方面的做法允许任何人,包括专利所有者,去请求 PTO 再次对已授权专利进行审查。但是,只有涉及新颖性和创造性问题才能满足提出重新审查的条件。专利必须被充分公开在欧洲异议体系下虽然能够被提出异议,但在美国仍然是禁区。

(2)授权后再审。欧洲风格的异议已经来到了美国。对于以 2013 年 3 月16 日之后提交的专利申请,专利挑战者在专利授权后有 9 个月时间可以去要求授权后再审。挑战者可以从涉及有效性,包括保护客体不一致、公开的不够充分、模糊的专利权利要求和缺少新颖性或创造性等全套攻击理由中进行选择控诉。

(3)双方再审。授权后审查的 9 个月窗口关闭后,专利挑战者的选择减少为单方面的重新审查和双方再审,而两者都只考虑新颖性和创造性问题。不像单方面的重新审查,双方再审体系允许挑战专利方进行重要的参与。

(4)"被覆盖的商业方法"再审(CBM)。如果你已经因为一项覆盖"金融产品或服务的实践、行政和管理"而被诉讼或威胁,并且要求授权后审查也为时已晚,不要害怕,你可以在 CBM 之下重新考虑该专利,而这是一种授权后再审的做法。此种传统计划(其将于 2020 年之后消失)的要点,是允许 PTO 去考虑主题申请资格问题,即这些备受诟病的专利的主要脆弱性。

(5)重新授权和补充审查。这些是修补和改正已授权专利的其他选择性程序。

(6)"衍生"程序。只有在第一个实际发明了在其专利申请中所要求的内容,并且没有从其他人那里(如竞选中的第二名)衍生该发明的时候,首先跑到专利局才能保证优先级别。一个认为被不公正地抢了先的第二名提交者,可以提起衍生程序要求决定真正的"第一个提交的发明者"。

让我们以单方面重新审查、双方审查和授权后审查为开始。为了方便，我们将把它们归于词汇"重新审查"之下。所有内容都很昂贵，提交费用本身可能达到成千上万美元，而法律费用可能是提交费用的 10 倍。

单方面的重新审查是最简单的。如果要求者能说服 PTO 存在一个关于可专利性的崭新问题，审查可能将被重新开启，并且专利所有者必须面对该新问题。就像在一个异议的程序中，专利可能不受伤害地浮现出来，并且专利要求可能被收窄也可能没有被收窄。单方面意味着程序仅仅涉及专利所有者和 PTO。如果要求者是第三方，一旦要求被允许，其就会从该程序中退出。为此，相对于专利所有者，单方面审查对于第三方而言，并不那么流行。对专利所有者，他是来寻找对过去罪恶（通常是没有引用一个重要的参考）的赦免或对未来的赐福的，这种赐福是以一件新发现的现有文献面前确认专利权利要求的形式出现。记住，攻击有效性时要注意：使用审查中已被考虑过的参考文献来攻击一个专利的有效性是很困难的，当此参考文献是重新审查的焦点时，攻击该专利则更困难。

专利所有者现在要求选择补充性审查而不是单方面重新审查。这种新程序远远更便宜、更快捷，并且提供了无数程序性好处。就像所注意到的，第三方避免把单方面重新审查作为一个战略陷阱。尽管第三方被持续通知进展状况，第三方要求者必须旁观不参与，在专利所有者提交反驳，甚至自己把反驳理由亲自提交给审查员，并且调整专利权利要求时，第三方也不能说话。换句话说，要求者已经向屋里投掷了一个手雷，而专利所有者和 PTO 审查者则去解除其爆破性。单方面重新审查对任何人都没有好处，未来可能会完全消失。

双方再审是过去被叫作双方重新审查的涡轮增压版。在此新做法中，要求者有权反驳专利所有者提出的证据，但禁止和审查员面对面交流。此做法推进速度快，通常在发起一年之内完成，并且在专利审判和再审委员会（PTAB）的法官面前进行，而该法官一般在专利法和技术背景方面具有广泛知识。一些取证是可允许的，并且专家证人的引入几乎是至关重要的。此做法以在 PTAB 前面对面的聆讯为结束，在聆讯过程中律师可能就发明的更详细要点被进行数小时的拷问。所有这些使得双方再审较单方面重新审查更接近诉讼。

如果 PTO 在考虑了请求书和专利所有者的反应之后，决定受理双方再审，结果将可能对专利所有者不利。从其受理的案件看来，PTAB 对大多数它同意再审的专利做出了全部或部分无效的决定。此外，尽管修改专利权利要求以避免现有技术在通常审查且在老式的重新审查中是平常的，但该选择在双方再审中是受到严格控制的①。更可恶的是,反对者举证的责任在 PTO 前比在法庭前更低②。因此,那些收到双方请求的专利权人倾向于努力说服 PTO 拒绝受理再审,并且会引领专利证人在 PTAB 决定前与要求者和解。

如果双方再审是双方重新审查的涡轮增压版,授权后再审则进一步加大了检查引擎。授予后再审的专利数量仍是很少的,但是专利所有者从 PTAB 中并没有获得比双方再审更多同情,并且专利所有者面临更多被攻击的方法。关于计算机相关和一些生命科学的专利,就最近提升专利申请资格阶梯的案例法而言,在双方再审中已经推倒的一个又一个专利新颖性和创造性问题,可能仅是专利所有者面临的最小问题。

总体而言,尽管在诉讼和老式的重新审查之间的战略选择可能是很困难的,新专利申请在授权后审查的做法有明显好处和有限的不利因素,这导致双方极大地倾向于选择重新审查。一个具有无效理由的专利挑战者,特别是基于新颖性或创造性的理由,将几乎总是采用重新审查而不是诉讼,或在诉讼同时采用重新审查。

再授权和新的补充性审查与重新审查相关,但绝不是诉讼的一个替代选择。(再授权和补充性审查基本为同一目的服务并且明显重叠;它们之间的区别主要在于其受律师欢迎的程度,所以我们将它们统称为"再发布")。在美国,专利所有者可以要求 PTO 以新的或改变了的材料——权利要求、说明、附图、发明者名单等去重新考虑他的专利,再授权该专利。这允许专利所有者去改正危害维权性的错误;例如,发明人名称错误的专利,是无效的。但是,"错误"的概念被很宽松地解释,并且如果在专利发布的两年之内提交,一份再授权申请可能扩展权利要求的覆盖范围,而这是一项在重新审查中不可能的功绩。再授权也用于考虑一个关键的现有技术。比如,它可能是一项复杂的业务,它被可选择的程序性路径弄得更复杂,并且可能把全部专利置于风险之下。你可能只要求专利局去再授权某些权利要求,但是审查员将评估所有权利要求,你最终获得的可能少于你一开始所要求的。

表 5.2 总结了上面讨论的程序的主要特征。

---

① 另一个使双方再审更像诉讼的因素是,专利权利要求被冻结在其被授权的形式中,并且因此易碎,要么幸存于该挑战要么完全粉碎。

② 就像之前谈到的,法庭诉讼当事人必须表现出"清晰的并且具有说服力的"专利无效性证据。PTO,就像在民事诉讼中只要求"证据优势"。

表 5.2　各程序的主要特征

因素 ＼ 程序	授权后再审	双方再审（IPR）	"被覆盖的商业方法"再审（CBM）	重新授权和补充性审查	"衍生"程序
提交时间	在专利授权的 9 个月之内	以下较晚者：专利授权的 9 个月；授权后再审结束请求人在被诉侵权后超过一年不得使用	对新授权的专利，提交这些有 6 个月窗口期 该方法于 2020 年终止	专利授权之后的任何时间	必须在主题申请首次授权后一年之内提交
目的	使其他人的专利无效	使其他人的专利无效	使其他人的专利无效	改正你自己的专利	建立适当的专利所有权
被影响的专利	在 2013 年 3 月 16 日之后提交申请的专利	没有限制	为进行数据处理或其他在金融产品或服务的实践、行政或管理中使用的操作，申请一种方法或设备权利要求的专利（除了技术创新的专利）	没有限制	有效提交日期在 2013 年 3 月 16 日或之后的，所有权利要求都总是被指向主题的申请/专利
被考虑的问题	无效性的任何依据	非专利权所有人提出的新颖性和创造性问题；包含专利或出版印刷物的现有技术	无效性的任何依据	错误，明显的新的可专利性问题	PTAB 决定，早期申请中被命名的发明者是否来源于请求书中所命名的申请者
被允许的修改	专利所有者可以选择取消或替代被挑战的权利要求，但不能扩大范围	专利所有者可以选择取消或替代被挑战的权利要求，但不能扩大范围	专利所有者可以选择取消或替代被挑战的权利要求，但不能扩大范围	能够扩大要求范围	由 PTO 裁量
民事诉讼的影响	如果请求人提出挑战有效性的民事诉讼，PGR 不能被提交	如果请求人提出挑战有效性的民事诉讼，IGR 不能被提交	侵权诉讼（或被提起侵权诉讼）是前提	没有限制	AIA 也允许专利衍生的民事诉讼

知识产权诉讼保险

保险公司最近已经开始针对知识产权诉讼制定保险单。尽管大多数保险单在性质上是防御性的,覆盖知识产权所有者针对被保险人做出的专利权利要求,一些保险单也覆盖进攻性的活动,例如,针对被保险人专利的侵权者,为诉讼提供资金。随着保险公司学习痛苦的教训或徒劳地搜索市场,这种保险单的条款差异巨大并且每年都不同。由于保险费和免赔额通常都很高,工商企业还并没有成群结队地参与知识产权保险,但是知识产权保险可能在特别环境下很适合,例如,如果一个小公司把知识产权争议视为几乎是必然的,知识产权保险可能允许该公司长期维持而不必担心负担不起的诉讼。

第 6 章
尽职调查

进行知识产权尽职调查意味着调查并评估公司的知识产权资产、实践和风险。专利保护强到什么程度？它们将帮助公司获得成功吗？外部人士，即发明者的前雇主或大学、拥有很多专利的竞争对手，会可能要求专利侵权索赔吗？通常，知识产权尽职调查先于交易，诸如在一轮创投融资、兼并或收购之前。专业投资者痛恨拿他们的金钱去诉讼，他们必须评估知识产权资产的价值，以估算预期投资的价值。公司的市场规划可能最终依赖其获得强有力知识产权地位的能力。此外，即便公司失败了，该知识产权本身可能还是有价值的。

糟糕，知识产权尽职调查看起来像是一个划掉清单条目的仪式，而不是对有意义问题的有效搜索。知识产权尽职调查需要考虑的项目主菜单可能是巨大的，如果你不相信，请享受本章节结尾的盛宴吧。进行知识产权尽职调查不应感觉像是迷失在无止境而昂贵的自助餐中，如果它确实感觉像是这样的，那么是时候寻找下一家不同餐馆了。经验和常识对任务适当性有决定性影响。如果公司的专利没有强有力的包括在其商业战略（或投资者对战略的估计）中，为什么还要花费时间去评估它们？如果公司的产品已上市很多年了，且几乎没有改变也没有法律上的挑战，那么对第三方权利进行调查真的是有意义的吗？

也许是对高成本的恐惧和机械性执行，导致这个重要的法律操作未被充分利用。知识产权尽职调查不仅仅是为了创投资本家和并购玩家。当新的管理层可能企图不改变任何事或改变太多事的时候，一个以知识产权为中心的科技公司应该具有内部专业知识去进行其自己的定期自我检查，特别在重组之后。同样，执行官职位的外部候选人在签订雇佣合约之前应该仔细检查他们预期加入公司的知识产权资料，包括瑕疵以及"奉承性"的特征。在把专利进行许可之前，应该调查清楚专利的族谱，以及是否有其他人会有阻挡专利许可的权利。

知识产权尽职调查的消费者需要了解：他们在获得什么，以及更重要的——是没有获得什么。知识产权尽职调查不能识别所有可能的问题或抹去这些问题,但他能够以从最低可接受的方便程度的角度来思考。然而,需要对内省式尽职调查(其探讨公司自己知识产权的质量)和考虑到防御风险的外向型努力之间进行区别。此区别本身是不完美的,并且存在不可避免的重叠,但是通过决定哪一个调查更重要来开始项目评估,可以帮助在评估一开始就确定优先顺序,以避免过早地陷入清单层面的细节。

案例学习4 森迪波普,创投公司"希望永泉"(HSELP)的负责人,企图搞清一份商业计划的意义。在考虑投资的公司是真蓝公司,并且他们希望垄断蓝色激光的世界市场。风险因素看起来都很乐观:巨大的客户基础、高毛利、不到一年之内开发的工作原型、尚未得到专业投资。但另一方面,蓝色激光的竞争者包括巨大的工业权势集团,并且到目前为止,真蓝还没有专利保护。非常奇怪,尽管真蓝已经开展了所有的研发工作,尚不清楚他们是否具有知识产权战略。这可能是个缺乏经验的投资案例,但是他们已经在"天使"融资中获得了大约100万美元,通常即使业余的投资者也不对未保护的主意抛掷那么多现金。

森迪对半导体制造一知半解,并且商业计划对设施的描述进一步使他迷惑。如果大声说出来的话,这些人需要全功能的净室,森迪思考,净室一定会花费百万美元。真蓝从哪里获得这些昂贵的设备呢?如果财务数据是可信的话,肯定不是从它的天使投资者那里得来;他们投资的资本可能在可怜的薪酬水平上勉强维持第一年的运营。还有那个奥乌考斯基,他有些神秘的东西。可能森迪曾读了太多冷战小说,他担忧迪米椎可能有所隐瞒。

但是,撇开疑虑的话,交易条件太好且不容忽视,对一家创投公司而言这样的交易很难舍弃。如果真蓝公司在森迪拒绝他们之后获得巨大成功,HSELP 中一些更懂行的合伙人将在土壤里栽种不义之财。

森迪应该调查什么呢?

观察其知识产权战略

几乎每一个知识产权尽职调查都以目标公司知识产权资产的存货为开始的。应该立即索要一份所有目前专利和商标申请的状态清单,以及为评估专利潜力而进行的披露。尽管森迪在等待,但是他应该考虑怎样才能准确地将专利融合进入真蓝的商业战略。很显然这些专利是核心性的:真蓝是一个创新型的企业,一个其市场前景只依赖于其自主优势的企业。尽管一些公司可能希望在服务或咨询能力、商品市场中的价格竞争或为细分市场而裁剪的定制产品的基础上获得成功,但真蓝的财富只系在其创新满足需求的价值上,而一旦在真蓝大胆的竞争对手对创新不受控制的使用时,这个价值将消失。换句话说,真蓝投资者实现回报能力,无论是通过收购还是公募,将取决于公司阻止或配给其技术的竞争性使用的能力。森迪打算不投资于真蓝的决策层,而最终投资于其知识产权资产。并且,在知识产权游戏中,内省式的尽职调查必须是第一优先级的。至少森迪应该考虑到以下三点:

（1）真蓝是否能够得到与其核心创新相匹配的知识产权保护;

（2）为了着手落实获取知识产权所有权,真蓝是否已经采取并且已经建立常规性实践;

（3）那个所有权是否没有外部争议。

知识产权保护的质量

假设森迪收到一份按照表4.1制作的状态清单,并且它包含了6个涉及加工过程配方的条目。迪米椎和真蓝的CEO已经说服了森迪,控制软件最好作为商业秘密进行保护。很好,森迪想,但是这个清单能告诉我什么呢?

没什么,除了真蓝的努力水平和对专利战略的承诺。专利局在这个时间点上还没有评估任何内容,所以那些专利申请代表的只是谦卑的请求。因此,真蓝的承诺可能代表任何事——从坚实的基础、到完全废弃的资源、到昂贵的障眼法,所谓障眼法就是企图在一个没有知识产权价值存在的地方预测知识产权价值。森迪沉思,这是一个波特金专利村庄(为取悦女皇叶卡捷琳,波特金下令在她巡游经过的地方搭建了许多造型悦目的假村庄)。迪米椎可能是那些波特金类型中的一个吗?

查明真相的唯一方法是针对其可专利性进行搜索。我们之前简短地提到过那种搜索:它们涉及相对浅而广的现有技术的研读,以定位那些可能被专利审查员考虑的文献,而目的是预测他将可能授予专利保护的程度。可专利性搜索像是切片检查,它应该足够彻底,能找出明显的问题,但又不是那么全面(即昂贵)以至于达到边际效益递减的程度。专业的查新检索者知道怎样高效率地搜索文献。但是通常他们仅限于搜索专利文献,在这种情况下,森迪(或他的律师)应该更专注地搜索数据库(其覆盖相关会议程序和学术日报),或至少谷歌查询,并且增补那些结果。搜索可以被分阶段进行,也许快速的切片检查将告诉森迪所有他需要知道的事情,如果没有,则可以开始进一步的努力。在搜索过程的结尾,森迪的专利律师可以很容易地评估其结果,并预测真蓝的专利努力是否能够成功。

不幸的是,对森迪的钱包而言,可专利性搜索是在一个特征接一个特征基础上进行的。换句话说,如果一个产品具有多重的潜在可专利特征,真的不可能去在"产品"层面进行搜索。除非那些特征是同一主意的不同版本而本身不是新主意,它们迫切需要单独的搜索。森迪似乎听见了钱包的哭声。一个对汽油引擎的搜索,会搜出净化器和阀门的改进技术,加上完全不相关的几个铁路车厢。为了节省,不要撒太广泛的网,它实在行不通。

另一方面,森迪也许可以通过利用真蓝已经做出的努力或被劝说而做出的努力,来避免这项工作。按常规来说,真蓝应该已经获得可专利性的评估。但是,它可能不情愿与森迪分享这些。一份可专利性分析代表法律建议,并因此受到"律师－客户特权"保护。"律师－客户特权"的建立是为了鼓励律师和他的客户之间的坦率讨论,并且挡开诉讼中对手窥探的眼睛。但是如果讨论沟通内容泄露到律师－客户的关系之外,则此特权可能被免除。所以,真蓝的 CEO 可能会反对,"在没有牺牲该特权的情况下,我们现在不能把那些可专利性的分析泄露给你,如果今后我们因我们的专利而打官司,现在的泄露可能会危害到我们"。对此,森迪可以下三种方式中的任一种进行回应:"好的,"他可能说,"直接把参考文献送给我们,反正它们是公开的,并且我们也将自己评估它们";或者他可以提供一份"共同利益协议",而该协议企图把"律师－客户特权"通过概述它与真蓝之间法律利益的配置而延伸至 HSELP;或者最终,森迪可以仅仅争取的底线是:即使特权完全丧失,风险也是最低的。能干的律师都不会写反面意见,以免该意见泄露出去,并且也避免潜在地造成远远大于其信息性价值的损失。(请想象法庭上的装腔作势:"陪审团的女士们和先生们,真蓝自己的专利律师在知道此专利可能不能经受住详细审查之后提醒他们,不是,几乎恳求他们,请不要为此专利提交申请! ……")然而一份正面意见只是有所帮助。所以,拿出来吧。

假设森迪获得了此意见。他怎样评估它呢? 律师常常不遗余力地尽量粉饰一个可怜的可专利性案件,特别是如果他们知道他们客户的金融生存可能取决于良好的印象。一份"整洁的"意见讲述了一个简单不用多加思考的故事:此发明与现有工作不同,以及此发明为什么足够不同。一份意见越是偏离此柏拉图式的理想,其玫瑰色预测成为现实的可能性越小。一个常用的技巧,只能攻击一份现有技术中与其明显相关部分的质量。只有一份讲授充分的参考文献才可以打碎专利申请人的美梦,而实际上其讲授水平可能非常一般。例如,当采用一份参考文献去无效该专利权利要求时,尽管其讲授内容远远少于解释一个专利权利要求所需的内容,但以此为理由去质疑一份参考文献内容的充分性,就像在桌子上敲鞋一样,只是绝望并厌世的人的最后避难所。

森迪也将希望把真蓝的专利申请弄到手。由于这些申请在优先日期的18个月之后才公布,在公布之前都是保密的,真蓝可以要求 HSELP 首先去签署一份保密协议(尽管专业投资者,对于限制他们考虑相关投资机会的自由很警惕,并且常常抵制这种协议)。森迪应该根据在第四章中概述的标准考虑申请的质量。但是作为外部投资者,他最重要的焦点是专利权利要求与真蓝的商业战略的冲突程度。例如,如果专利要求聚焦于具体的加工过程配方,或如果专利要求很广泛但现有技术可能把它们限制于配方,那么真蓝可能有麻烦。森迪必须在真蓝要成功所需的市场排他性与它寻求(并可能获得)的市场覆盖之间寻找差距。简单的分析,例如,如果没什么会在专利权利要求之外奏效,甚至一个狭窄的专利都可以覆盖宇宙,常常不需要行业专家或技术顾问的帮助。真蓝的配方是怎样呢? 水晶晶体生长在专利申请覆盖的范围之外是逐渐缩减的吗? 在这种情况下,专利将只能给予一种附加的优势(因为非侵权条件可能足够好)吗? 或这个加工过程在该范围之外完全失败,进而提供了市场主导型的知识产权保护的可能性吗? 那些限于知识产权本身的分析,不能回答这些问题。回答这些问题需要高度专业化的知识(或在对迪米椎极其信任时,与他进行深度探讨)。

那些进行内省式尽职调查的人,一般谋求去评估专利的强度。他们常常吃惊地了解到如果没有产业角度的分析,调查可能只揭示出弱点。

国际保护也必须被考虑。如果公司计划致力于外国市场,像真蓝一样,至少它应该已经通过 PCT 申请而保留了外国权利。但是对质量的评估超越对权利的保留。专利申请的撰写,在任何国家(在该国专利申请可能被提交)必须以最广泛的可得保护为基础。例如治疗方法,尽管在欧洲和日本基本上是不可专利的,在美国则符合要求。因此,如果一份仅为欧洲法律合规而撰写的申请,其关于治疗的专利权利要求未被充分支持,那么它对美国将是不充分的。这种申请就等于把有价值的美国保护留给别人了。

真蓝拥有所有它需要的权利吗?

森迪和他的律师已经评估了真蓝的可专利性意见与专利申请。该意见令人信服且是正面的,该专利申请看起来也很有效。HSELP 的产业顾问确认,正在申请的且很可能被授权的专利覆盖被证明是强有力的。律师注意到的一个遗漏是,没有从发明者到真蓝的专利转让[1]。档案与专利局没有显示任何申请记录。她说,只要保证在投资协议签署前把专利转让手续补齐就可以了。

但是森迪很烦恼。他知道,如果没有一份书面转让,真蓝对专利申请的所有权是不能肯定的。他怀疑该遗漏是否无辜。一个同事曾经给他讲过一个小公司的总裁,该总裁认为他可以为自己保留关键专利,然后对公司进行许可。自然,HSELP避开了那个投资。迪米椎可能在从事一些内部交易吗?当然,如果这是间谍小说,真相可能涉及更多阴谋。迪米椎可能在为幕后的某个大老板工作,或者受到对迪米椎的过去有所了解的人的勒索。

森迪认识到,自己是在胡思乱想,必须停止这种编造二流的影片剧情的做法。但至少,不管怎样不合理,有什么办法能减轻怀疑吗?

就像第4章所解释的,知识产权转让是至关重要的,并且越早获得越好。雇员与顾问之间可能会产生一些不愉快,并且愤怒的前雇员可能狭隘地解释他的残留义务。森迪应该问真蓝是谁导致了核心技术的发展。希望他们是在专利申请上被命名为发明者的同一些人,但最好是直接把此问题提出来。企业并不理解他们在命名发明者上的自由裁量权是多么有限,并且专利律师不总是像他们想象的一样进行彻底调查。越早发现自相矛盾之处,它们被纠正的可能性越大。

除了发明转让之外,森迪应该让他的律师与顾问一起评估真蓝的雇佣协议和合同。他应该首先查证,所有曾对公司的研发做过贡献的个人都实际签署了协议。他也应该评估该协议是否充分。一份坚实的合同不能把愤怒的离职员工变为快乐的贡献者,但至少它可以在法律上限制他。一份好的协议应该包含如下内容:

(1)一份保密义务,以避免在雇佣中或在雇佣之后泄露保密业务或技术信息;

(2)一份发明转让条款,其不仅仅包括转让权利的义务,而且包括立即向公司披露发明内容的义务,甚至还包括在雇佣终止之后帮助获取知识产权权利的义务;

(3)一份保证,其约定将不违背对前雇主的义务(例如,涉及自主信息或非

---

① 在中国,申请人和发明人是分开的,申请人可以是个人或公司,发明人只能是个人。而在美国,专利的申请人只能是发明人本人,在递交美国专利的时候还需要宣誓书,发明人必须在宣誓书中宣誓自己为真正的发明人,但是之后可以通过转让合同将权利转让给公司。——译者注

竞争条款）；

　　（4）一份现有发明的清单,公司与雇员均确认这些发明是在雇佣之前做出的。

　　真蓝应该很高兴地向森迪提供这些协议和现存的任何有关发明转让（最好在 HSELP 签署保密协议之后）的复印件。就其自己而言,森迪应该保证,在真蓝的专利申请上列为发明者的每个人都已经签署了一份保密协议,并且如果不是每个人都已经签署,至少他们就其署名的具体专利申请已经执行了发明转让。此操作将帮助明确研发人员对公司的义务,与真蓝已经获得其权利的程度。

　　但这并不能告诉你真蓝雇员是否对其他人负有冲突性责任。如果每个人都已经就这种冲突签署了保证,这很好,但是这种保证还不能令森迪这样的人满足。至少涉及核心研发人员,森迪可能希望知道他们是从哪里来的,并且他们是什么时间开始为真蓝工作的。然后他可能调查冲突的可能性。这个评估以涉及过去发明者归属关系的简单问题为开始,并且以针对发明者的专利和申请时的查新检索为补充——这是一种查证的相称方式,它可能提供研发人员过去经历的更详细图像,也可能揭示被其他人拥有的潜在有问题的专利。

　　例如,假设迪米椎的一个共同投资者最近赢得了博士学位。森迪应该担心:她的论文题目看起来与她为真蓝所做的工作近似吗?大学通常有研究生和教职工相关义务的政策。在美国,如果知识产权产生于在校园进行的、使用大学所拥有设施的研究,大多数学术机构至少会坚持拥有该知识产权。但是此种义务可以比上面的义务更广泛。尽管教职工可能享有特权去把一定比例的时间用于外部事业,不受大学约束的管辖,但研究生很少有此种特权。一些大学已经采取了侵略性的知识产权政策:学生在其研究生时期想出来的任何事,一律归学校所有。也有一些大学没那么严厉。例如,在加拿大和欧洲,机构性所有权不是自动的,很多大学有与教职工共享权利的模糊政策。这种政策,不管本人是否明确签署了协议,它也许都自动覆盖学生和教职工。所以,如果真蓝的发明者最近存在学术归属关系,森迪应该考虑在那个归属关系结尾和在真蓝的雇佣关系开始之间经过了多长时间,以及该学术研究与那个为真蓝进行的研究是怎样地相似。时间越近,主题越近似,越应该促使对机构政策的评估,并且最终可能要求大学放弃该所有权,或更有可能,向大学要求一个许可。

　　相似的担忧也适用于过去的雇佣关系。（可能,森迪想到,大老板是迪米椎的前雇主! 迪米椎知道,他不能把他的老公司拥有的内容转让真蓝,所以他对真蓝有保留,并希望他能与他所出卖的指导者达成交易……）这里,既有合同问题(有没有与前雇主的书面协议),也有法律问题(能否取代麻烦的合同条款)。法庭企图平衡雇主的所有人权利与工人谋求有利可图雇佣关系的权利。一个企业可以合法地限制其前雇员去泄露具体的、可识别的商业秘密,但是它不能阻止其前雇员使用一般知识和工作中学习到的技术。所以,真蓝有一定的自由去雇用水晶晶体生长方面的专家,例如,即便他们为竞争对手工作,只要秘密信息没有被泄露即可。

对此原则,还必须考虑两个例外。第一个是真蓝的雇员与他的前雇主已经进入非竞争协议的可能性。由于非竞争协议明显限制工人追求其生计(不管他们选择什么)的能力,法庭通常敌视该协议,特别是旨在保护商业秘密,而该商业秘密可以事先做好保护,不用惩罚离职雇员的情况。但是非竞争协议常常在一定程度上被执行。

有时,甚至在没有非竞争协议的情况下,如果他们把商业秘密的披露视为"不可避免的",法庭也将允许这种先发制人的惩罚。这就是对通常原则的第二个例外,该例外只在有限的环境中发生,并且很多法庭完全拒绝它。但是,如果法庭感觉到有机会主义或不诚信的地方,法庭可能把前雇员视为过于危险而不能放入竞争性的环境,特别是如果那个环境只有一个或几个直接竞争对手,并且该雇员可以在其他地方谋生。

森迪可以做些家庭作业,以对真蓝雇员前职位的温和询问为开始,到关注这些前职位的早期责任的问题,并且也许进展至查阅之前雇佣协议的明确要求。

最终,对过去的调查也包括检查真蓝的发明是不是在美国之外制造的,比如,迪米椎的专业能力是在俄国磨炼的,这也不是真蓝的秘密。如果这样,除了所有权的问题,重要的是去保证:在美国专利申请被提交之前,获得向外国提交的许可[①]。

真蓝已提供所有的东西了吗?

进一步发掘的话,森迪可以进行各种各样的电子搜索:在美国,联邦和很多州法院、证券与交易委员会,以及无数州务卿的档案是在线可得的。诉讼摘要的搜索将揭示真蓝是否(或最近已经)卷入了诉讼。真蓝所属的司法管辖的州务卿将存有真蓝资产的担保权记录——如果担保权记录存在,应该是以公司的

---

① 这是指原发明国专利局颁发的、不涉及国家机密且准许向国外提交专利申请的许可。——译者注

银行和其他债权人的名义的。否则意想不到的担保权可能揭示隐藏着的债权人，甚至更阴险的大老板！并且，尽管真蓝的股票不是公开交易的，但它与其他上市公司之间的任何重大协议，都可能在那家上市公司在证券与交易委员会的定期文件归档中查到。

森迪和他愤怒的怀疑已经转移到了真蓝，而他还没有参观真蓝的设备。位于一座具有波浪屋顶和涂饰墙壁的一层建筑中，真蓝的设备和设施与其谦逊的外表不符。陈列品是包围着水晶晶体生长反应器的最先进的净室。迪米椎·奥乌考斯基在解释其运营时，森迪的思维游荡至了他已经安排好的那场高尔夫。预报说当天有雨，但是说这话的人又知道什么呢？最终迪米椎说了什么刺激到了森迪的神经。

"你是说'开源'吗？"森迪问。

"是的，"迪米椎堆满笑容，"这就是为什么我们能够以这么少的资金已经做了这么多事。我们的神经网络框架、我们的网页服务器，都基于开源软件，因此都免费。"

森迪还没有做成很多软件交易，但是其他在 HSELP 的人已经做成了，并且森迪常常听见他们抱怨"开源问题"。这是需要调查的内容。

"顺便问一下，你的尽职调查进行得怎样？"迪米椎问。"你有了所有你需要的东西吗？"

"还好，"森迪说，对迪米椎提出这个问题表示感谢。"专利申请转让已经弄好了吗？"

"当然，"迪米椎说。

"哦，好。我们还没有看到转让文件呢。"

"稍等，我给你做份复印件。显然我的律师忘记了在他送出的文档中附上它们。你的律师也没想到去问为什么缺失了它们？"

"他检查了在专利局的记录。"

"那是要拖几个月的事，"迪米椎说，"这不令人吃惊。你们镇的房产登记要花多长时间？我的花了一年。"

"我猜。也许你的律师不那么关心。"

"也许不是的。"

森迪边等边围着净室逛，该净室是盒子一样的钢桁架和丙烯酸窗户结构，房间内嗡嗡作响，在其内部，身着从头到脚白色防化服的工人，忙乱地鼓捣着冰箱大小的反应器。在他围绕着透明的围场转圈时，森迪注意到一个蚀刻在面板中的铭文。它已经被挖出来了。在森迪假装观看内部活动时,他偷偷地看到了铭文。迪米椎回来了,手里拿着复印件。那个铭文看起来是一长串数字,随后,森迪几乎很确定,这文字是"美国陆军"。

"反应器很好。"森迪无动于衷地说。

"靠贷款维持。"迪米椎回答。

森迪很吃惊,"我曾听说过租用电力工具和地板磨光器,但是能租借半导体制造设备吗?"

"我们在实际上在为制造商对它进行 beta 测试。它是个新模型。我们微调我们的配方,而他们得到业绩报告。我们都很高兴。"

"我们能看看 beta 协议吗?"

"当然。"迪米椎说。

危险的联系

在任何尽职调查中,关键是看:目标公司是否曾从外部"许可进来"了任何技术,或把技术"许可输出"给了外部人士。这种许可的范围可以从常规——例如,针对商业软件的最终用户许可协议(它们经常被叫作 EULA)——到高度特殊的协议。必须仔细考虑所有的向外许可。甚至一个给客户的表面无害的EULA,都可能包含潜在过分的义务,或把许可人暴露于不合理的风险中。例如,统一商法假设:商品(在大多数情况下,包括软件)是与特定隐含的保证一起出售的,比如针对知识产权侵权的保证。除非明确否认,隐含的保证自动写入合同。

在很多情况下,卖方违反保证的风险限于商品的购买价格:如果卖方配送退款条款,所有都可以原谅。但不总是这样。如果买方遭受了一些附加的损害,例如,由于突然撤回商品而丧失的利润,买方可以为超过购买价格的补偿进行诉讼。特别在涉及软件的交易中,识别竞争性知识产权权利的困难经常激励卖方对侵权完全放弃保证,或至少放弃超出购买价格而引起的补偿。

另一方面,复杂的买方,特别当从新的或小的卖方那里进行大规模采购的时候,不会让卖方侥幸逃脱违反保证的惩罚。买方想要保证,甚至更多,例如,常常要求对知识产权侵权的赔偿。知识产权赔偿条款应该令潜在的投资者感到恐惧。如果没有对卖方金融风险的限制,该卖方可能面临着毁灭性的义务,该义务是当客户因使用卖方技术而受到诉讼时用来保护顾客的,而这种诉讼不可预见也不可预言。例如,英国电讯在 2000 年提起诉讼,并声称一份 1977 年申请的专利覆盖了超链接——当然,就像我们很久之后才了解到,超链接当时甚至并不存在。广泛的专利权利要求可以覆盖相当多未知的领域,随着技术术语的飞速变化，查找每一个可被主张的知识产权权利变得几乎不可能。

当对许可、开发和合资协议，或甚至看起来常规的销售协议进行评估时，一般原则是寻找对未来不利的条款。一个悲哀的事实是：不管是出于急迫或是天真，年轻缺钱的公司常常达成交易：用名声或现金关系交换排他性。过早地把公司财富以有疑问的条款托付给一个单一合伙人，可能会限制公司的战略。有时，创投资本人士可能给预期的投资组合公司提供的最佳服务，是在达成交易之前对重新商谈协议提供一臂之力。尽管公司可能会被创投资本人士开启的痛苦对话所激怒，但当了解到专业投资者不能忍受囚禁性的条款时，愤恨将让位于感激，因为这避免了合伙人破产。

只要和知识产权稍有关系的安排，都可能涉及对承诺的折中。例如，真蓝与反应器制造商的 beta 协议，伴以泄露其配方的显著特征，可能迫使真蓝去提供测试结果，毕竟，为什么制造商进入 beta 协议呢？如果没有合适的保密协议的保护，这种信息可能变为公共信息。更大的问题是，beta 提供者具有对使用 beta 产品开发知识产权的所有权主张的倾向。在某种程度上，这是可以理解的：制造商都不会允许开发合伙人拥有他们就其产品做出的发现，以免那些合伙人反客为主，要求制造商对专利使用缴费。这虽然是个合法的问题，但并不是说做事可以过分，例如，制造商通过过度广泛的知识产权权利保留，在合伙人的知识产权中寻求一个立足点。换句话说，制造商可能对真蓝做出的关于反应器的急转和限制的任何发现拥有权利，但不能仅仅因为真蓝使用反应器设计出了配方而可以拥有其配方，特别是如果真蓝的配方没有与那个特殊反应器的使用联系在一起。森迪必须仔细考察 beta 协议，以保证真蓝没有允许泄露其商业秘密，或非故意地签署了放弃知识产权权利的协议。

设备或材料的使用对于知识产权权利就像鱼饵对拖网一样，几乎不局限于 beta 测试的安排。特别是在生命科学，被专利的或难以制造的生物学产品的制造商，可能仅仅依照"材料转换协议"（其对使用者发现的任何内容拥有权利）而发布其产品。尽管那看起来对使用者像是很差的交易——为什么费心进行其他人将拥有的研究呢？年轻的公司或不知情的研究者，很高兴去为了有形的诱惑而交换投机性权利，并且可能在没有充分思考的情况下达成这种回授协议。

开源的快乐与恐惧

当专业投资者审查潜在的投资组合公司时，"开源"软件的气味可能导致过敏性反应。尽管这种软件已经存在几十年了，并且也许代表软件世界最快速增长的类别,开源许可所施加的义务吸引了广泛的注意——并且大多数那些义务是负面的,至少在投资领域。请采取极少量的开源代码以减少恐惧,并且要求进行大量的披露义务以冲洗掉你全部体系中的私人权利。

尽管被夸大了,但这些恐惧是有道理的。当开源义务存在时,使用开源将限制使用者执行私人权利的能力。但是开源的诱惑力是相当大的——不但能使用常规性或具有很强专业性、并经过验证的软件,而且常常是没有成本。让开发商花费数月去重新发明他们可以很快下载的东西,是荒谬浪费的并且也很无理。大多数开放资源软件是文件齐全的,并且是被忠诚的、对错误嗤之以鼻的全球社区志愿者不断提炼的。一些程序已经变成事实上的标准。上面这些诱惑可能使不仔细的工程师看不到风险。他们可能怀疑,这么愉快且容易吸收的东西,怎么可能使人生病?

使事情变得复杂的是,客观存在的许可的绝对数量。开源软件不总是免费的,并且几乎是从来不免除义务和限制的。一个重要的基本原则是“版权开放”:传统版权给予作品的所有者“使用、修正和销售”的排他性,而与传统版权相对,开源许可给予使用者自由的驾驭;版权开放意味着,你必须把对你有效的同样自由传递给其他人。

同时,版权对开源计划并不陌生。事实上,版权法及其“衍生作品”的概念,形成开源世界所围绕旋转的轴心。当原创性作品以某种不改变其基本特征的方式(例如,从一种语言翻译为另一种语言)而改变时,或当它被吸收变为新的东西时,衍生作品即产生了。只要原创作品的显著部分在新作品中存留,该原创内容是否只形成了新作品的一少部分,是无关紧要的;一个陷入巨大系统程序中的短小开源子程序,事实上产生两个衍生作品:一个是子程序,另一个是没有子程序的系统程序。版权法尊重两方的视角。在蒙娜丽莎上别上小胡子,然后一方面,你有了对莱昂纳多杰作的达达主义式亵渎(注:达达,1916年在瑞士苏黎世出现的文学和视觉艺术运动。艺术史上称之为达达主义,或称达达派。达达主义者一致的态度是反战、反审美),并且另一方面,那个小胡子与彩色的背景是对立的。

在缺少以许可为形式的允许时,只有原创作品的所有者才可以制作衍生作品。这意味着,如果你把开源软件纳入你的产品,但是没有遵守相关的使用条款,你就是一个版权侵权者。当开源软件以任何方式被使用时,版权使避免许可性义务变得几乎不可能。

尽管开源的许可是有众多种类的,最广泛的(并且被广泛误解的)协议是一般公共许可(GPL)——其覆盖所有类型的开源程序。GPL也是开源许可中最麻烦的一个,其他的通常在更小(并常常比想象更小)的程度上限制自主权利①。一个包含受制于 GPL 代码的程序,就像衍生作品,其本身被 GPL 覆盖。因此,GPL 覆盖的软件在某种意义上是"病毒性的"——即使一个开源成分是极小的,它也将"感染"(使之受制于 GPL)包含它的任何程序的整体。并且因此导致投资者断断续续的反应②。GPL 施加了什么义务呢?

第一,它禁止收取许可费或基于使用的其他许可费。但是没有什么阻止开发商对受制于 GPL 的程序收取一次性购买价格(事实上如同投递费)。开发商可能也针对保证、支持、服务、更新和修改以及补偿而收费。GPL 则不覆盖这些额外费用。

第二,开发商必须给予购买者软件的源代码,或以不超过其分销成本给予购买者得到该代码的权利——该权利在三年内有效。这就是维持自主权利的任何可能性变得站不住脚的原因。在提供源代码之外,开发商必须允许客户自由地改变程序,并且根据"版权开放"原则以 GPL 指定的同样条件把它销售给其他人。

亏本出售自主权利的前景可能是荒唐可笑的,但是作为一种商业战略,它常常是有道理的。开源产品的特有透明性,可能比封闭的体系(特别是小而潜在脆弱的公司所销售的体系)给客户提供了远远更大的舒适程度。全球开源群体用户免费更正错误并修补安全瑕疵的前景,也可能有极大的吸引力。只要客户(以及其他可能遇到源代码的人)不太可能成为竞争对手,深思熟虑的开源战略才是可行的。

如果用户不尊重开源义务,怎么办呢? 他将会被强大来源的愤怒摧毁吗?尽管 GPL 曾在法庭上被支持,但是缺少中枢的执行权威。"免费软件基金(FSF)"撰写许可,但是 FSF 一般不是涉及开源软件诉讼的当事人,除非 FSF 自己的权利处于利害攸关之中,比如 FSF 本身开发了软件。FSF 把免费软件中的"免费"描述为自由,而不是不花钱的使用。("想一想自由言论",他们解释,"不是免费啤酒"。)对此有人可能补充说,至少在 GPL 情况下,对那些厌恶变成免费午餐一部分的人,会告诉大家天下没有免费午餐。但是开源义务的程度不是统一的,并且仅仅当与商业性销售的产品一起使用时才变成问题。

---

① 例如,"轻版"GPL(LGPL),另一个开源许可,通常允许使用者以他们自己的程序代码保持自主权利。LGPL 把动态链接库(其只在需要时被拜访并且与主程序分开)与静态链接库(其被完全吞没并且形成该程序的执行代码的一部分)区分开。如果一个程序动态链接至一个被 LGPL 覆盖的库,一份衍生作品就被创造出来了,并且适用于 LGPL。LGPL 的义务是最低的。另一方面,静态链接库会更有问题。

② 另一方面,仅仅用受制于 GPL 的材料而"聚集"的作品,例如,那些在同一 CD – ROM 上提供的,但是没有纳入开源代码或与开源代码结合的,不在 GPL 的范围内。

所以森迪放心了。真蓝在内部使用其软件,它从未变成他们出售的产品的一部分。开源义务,不管是怎样压迫性的,不应该影响其自主权利。

"16 洞的高尔夫绿地上 5 个推杆……终归没有下雨"尽管脑海里总会浮现出高尔夫当天的景象,森迪试图与反应器的制造者一起专注于真蓝的 beta 协议,但他不能不去想那个几乎完美无瑕的、通风的净室。他查了一通但没有查到什么:没有诉讼、没有担保权、没有对那个奇特设备明显的资金来源。森迪只是个企图估算出巨大潜在成本的投资商,同时他正在变成"空气过滤器"和"湿度控制器'的行家。有一点是清楚的,真蓝的技术来自军队,唯一的问题是其怎么从军方来的。

所有装配太整洁了。所有真蓝的发明者都已经签署了雇佣协议,并且没人具有有问题的历史。开源的问题一直被灵巧地回避了。公司的全部历史可能已经在那间净室发生了。那净室是纯洁无暇的。而这只意味着一件事:这个奥乌考斯基是一个恶魔般的聪明角色。是否他在向 CIA 告知他对俄国军方技术所知的一切时,其报酬采取了以特殊设备代替货币的交换形式。

不是的,森迪认识到,并且把思绪从那个白色小高尔夫球上转移开。太简单了。如果净室能合法地来自美国政府,那就没必要去隐藏其来源。

那个球飞过了洞口,而图像变得太清晰了:迪米椎一定是在某种恶魔似的复杂交易中从俄国人手中得到它的,他急着要去快速启动他的研究,他给了俄国人极有价值的东西,以至于俄国人拿起了他的购物清单并且在美国陆军鼻子底下建起来了一个具有 HEPA 过滤器和吊顶龙骨、湿度控制的高端净室! 这简直是个令人惊讶的"壮举"。森迪在犹豫是否要继续考虑投资还是给 FBI 打电话。

政府资助

让我们假设,只是假设,真蓝的高端政府设备是通过官方渠道得到的。如果政府插手了资助真蓝,不管是通过现金还是资本设备,政府得到什么权利呢? 它能限制真蓝从事其业务并进行排他性许可吗?

1980 年,为了进一步开发和商业化目的,美国允许签署了联邦合同的大学和企业拥有政府资助的发明的所有权[①],包括获得并且拥有专利的权利。签署联邦合同的大学可以排他性地把发明许可给制造商;签署联邦合同的企业也可

① 收录在叫做杜比(Bayh – Dole)法案的联邦法里。

以这样做,或自己把技术商业化。基本原理是通过最终在美国制造产品而刺激国内经济。大学或企业必须做的所有事情是,在发明披露给政府的两年之内,正式声明其发明的所有权。

但是,联邦政府保留"进场"的权利,如果发明没有充分地使公众可以利用(即商业化),此"进场"权利即开始生效。在没有专利持有者或最初的被许可人同意的情况下,进场权利允许政府把发明许可给另一公司,以推动进展,换句话说,去发布强制性许可。政府也获得一个为官方目的(包括政府承包商的使用)而使用发明的免除特许权使用费、非排他性的许可。这些合理的、通常在理论上的权利很少引起尽职调查的质疑。如果这些权利真的开始起作用,那是因为声明发明的所有权的公司(或被许可人)——预期投资者关心的实体企业对象——已经失去了兴趣。尽管去评估资助合同以查证披露和选择的要求(因为不合规可能永久剥夺大学或企业的对政府资助发明所有权的权利)很重要,但政府权力至少在美国一般不会令预期投资者担忧。

在其他国家,故事就不同了。少有国家采取这种像美国一样的政策去私有化政府资助的发明;反而,大多数国家把这种发明视为公共信托,因此应该既对政府合同本身进行调查,还应该对其与国家法律(法律很可能使政府合同无效)的一致性进行调查。此外,例如,如果开发商没有足够快速地,或以(在政府看来)足够低的价格把产品推向市场,那么不管政府是否提供资助,很多国家都会给科技开发商的当地竞争对手授予强制性许可①。强制性许可的威胁,在这些国家,适用于每一个被授权的专利。虽然世界贸易组织规则在强制性许可的实践上设置了一些限制,但是为了重要的外国市场而调查这些实践活动(特别在医药领域)是很重要的。

"让我问你个问题,迪米椎,"森迪说,并试图不泄露在他话音中的锋芒,"你了解真蓝最怕的是谁吗?"

"是具有竞争性的? 那么,你知道,有几个大玩家。"

"非竞争性的,必要的,"森迪小心地说。电话中有一点停顿和奇怪的嘈杂声,好像迪米椎在玩弄他的手机。

"啊,"他最后说,"你意思是,是否有人会威胁我们。是否有人在我们身上掌握了罪证,是吗?"

"是!"森迪大声说,并且所有情绪都突然涌出,"坦白交代,打个比喻,迪米椎! 我可以听到那些 HEPA 过滤器的嗡嗡声! 你是从哪里得到那价

① 在中国,如果专利权人自专利权被授予之日起满三年,且自申请日起满四年,无正当理由未实施或未充分实施其专利的,政府将对该专利进行强制许可。——译者注

值大约 1400 万美元的高端绝缘设备的?"

"哦,那个,"迪米椎以明显的宽慰回答道,"这是我绝对不能告诉你的内容。恐怕你关心的是竞争性专利。"

森迪感觉自己脸红了,"什么竞争性专利?"

"我们在与一些非常大的鲨鱼一起游泳。覆盖那些鲨鱼的专利比它们身上的鳞片还多。"

"是,是,当然,我知道。"

"很好,我很高兴你没有担心。大多数创投资本也许可能担心。但是这里你关心的是一些设备的来源。"

"来源是?"

迪米椎很明确地高兴了,"如果我告诉你那个,"他咯咯笑道,"我将不得不杀了你。"

森迪应该在更早之前就已经想到过竞争性专利。查找这些专利的探险,是花费时间和金钱的,并且这个昂贵的旅行——最终的外向型尽职调查的任务——不应该掉以轻心。如果可专利性搜索像是在进行生物切片,"操作性自由"或清查搜索更像是没有结局的探索性外科手术。可专利性搜索覆盖与主题相关的文献,并且基本上忽略现有专利的权利要求,操作性自由搜索几乎完全专注于专利权利要求。此外,尽管重复性的或累计的参考文献可能在可专利性搜索过程中被忽视,清查搜索必须不仅仅收集目前有效的每一个可能具有相关性的专利,而且必须冒险超越"通常的嫌犯"去检查那些可能看起来不相关但具有广泛权利要求的专利。清查搜索还应该提供已公布的但至今尚未授权的专利申请。一般说来,繁忙的搜索人员在交付原始搜索结果之前希望 2~3 周的搜索时间。这些搜索人员通常在初始预算范围之内(1500~2000 美元是常见的)开展工作,并且如果搜索时间更多其产生结果可能更进一步,然后进行报告。专利律师评估在搜索中查到的专利和已公开的申请,并且对其竞争性前景进行概述。总成本很少低于 10000 美元,并很可能轻松地攀升。

一个对项目的初步评估应该决定是否进行外向型尽职调查,如果是,则应促进对清查搜索早期计划的执行。这个计划的一部分涉及检查到任何搜索的有限性,另一部分涉及成本管理。残酷的现实是,清查搜索涉及一连串的猜测,并且所有猜测的误差概率最后共同产生一个更不确定的猜测。然而,此操作不是没有有效性的,只是要认识到此过程所能交付的成果,并不要期待能够降低更多的风险。

第一项任务是选择最大利益的产品或生产过程的特征。像可专利性搜索一样,清查搜索可以覆盖唯一的或小群的高度相关特征。对于尽职调查的消费者,不幸的是,典型的产品包含几个能传授市场优势的特征,并且更糟糕的是,甚至索然无趣的特征都可能侵犯竞争对手的专利。因此,猜测的第一个来源是不可能搜索每一个潜在侵权性特征。选择这个重要特征,往下走。

猜测的第二个来源是不断进步的技术词汇。例如英国电信的1970"年份"的专利覆盖了超链接。很不幸,直到十多年之后,超链接这个词才出现在专利中,或甚至进入普通用语。如果谨慎的互联网服务提供者希望在积极参与之前测试知识产权的水深,其找到英国电信的专利的搜索工作①是不可想象的。事实上,甚至目前的技术术语都可能在不同公司和地区发生变化。所以,不管预算怎样,清查搜索不太可能发现每一个已被授权的专利。

然后还有未授权的专利。专利申请通常在专利授予很久之前就达到发表阶段。这种申请中的专利权利要求只是对保护的恳求,并且可能是在不了解现有技术的情况下被撰写的。但是它们已经被公布了,并且覆盖非常大的领域。心理负担发生转移:在发现他们认为是可感知的威胁之后,投资者可能要求无害性证据——好像专利已经授权了,那是过度反应,但这种担心有一定道理;毕竟,有人要的是关键战略性的权利;抚慰的词语不会把妖怪哄骗回瓶子里,但是对现有技术的概览(清查搜索本身很可能能够提供该概览,并且可以以可专利性搜索——包含过期专利,进行补充),则显示可能得不到太广的权利要求,并且可能至少消减权利要求的范围。

然后,最终,有些专利申请已经被提交但至今仍未公布,这些申请代表专利世界的"暗物质"——看不见、搜索不到、并且具有未知的范围;在申请提交和发表之间有18个月滞后期,而此滞后更代表不确定性的另一个来源,有竞争性的申请也许碰巧在搜索进行之后的第二天即公布,因此没被发现。清查搜索不容易被刷新,尽管专利局根据技术类别的巨大清单对每一个申请进行分类,典型的清查搜索覆盖很多这种类别;如果在搜索开始和搜索完成之间需要很长时间,更有效的检索应该对此期间公布的刊物也进行检查,但是,取决于所涉及的间隔和类别,检查它们本身可能就是一件巨大的任务。

考虑清查搜索涉及的成本与时间,以某种方式抄近路可能是有诱惑力的,例如,把搜索限定于被已知竞争对手所拥有的或在一定时间框架之内公布的专利。这种人为的限制可能大幅减少一个已经是不精确的过程的价值。例如,一个限于竞争对手的搜索可能忽略很多内容,包括已公布的申请(其尚未被转让

---

① 另一方面,并且对 Prodigy(第一个被告)幸运的是,法庭不同意英国电信的争辩,所以也许此专利对于搜索工作可能的隐形是正确的。

或转让记录还未归档)、核心发明人加入到竞争对手公司之前的专利、仍注册于前任实体(其可能已经改变了名称,被兼并了等)或为了税收目的注册于控股公司的专利、许可给竞争对手但它实际不拥有的专利、大学的专利,和某些只在此领域浅尝辄止的大公司产生的大量专利。如果需要清查,就要把它做对,否则就别做。虚假的安全感,比睁开眼睛承担商业风险更糟。

那么,什么时候需要清查呢?产品在市场上的时间越短,产品新特征的数量越多,清查搜索越应该被考虑。有人也考虑制造商与其竞争对手的规模差异,但真相是,甚至在个体手中,专利也可以在一个不打赢官司不收费的诉讼律师的帮助下,像通用电气公司拥有的专利一样致命。真蓝在市场上没有产品,但是有很多自认为新颖的特征和无数的竞争对手。评估其运营的自由性显然是明智的。事实上,很多公司在严肃地开发新发明之前进行常规性地清查搜索,因为这个成本比起产品开发的成本只是其中较小的部分。

"告诉他你是从哪里得到的那间净室,迪米椎,"真蓝的律师面无表情地说,"在他给联邦调查局打电话之前。"

"我不能。"

"我知道,我知道。冷静,森迪,"律师说,"迪米椎恐怕把这消息泄露出去了。但是我说他可以信任你。对此,我是对的,森迪,对吗?"

"当然。"

"我向他保证我们有严格的保密协议,并且如果信息泄露,我就把你交给他。对吗,森迪?所以进行吧,迪米椎。"

在迪米椎慎重的怒视后面,有些顽皮的东西——恶作剧者被抓后恼怒的,但又对恶作剧的机巧感到高兴的表情。

"是我们买的,"他最终叹气承认,"在 eBey 上。"

森迪疑惑地看着他,"eBay?"

"军队的剩余品。"

"那么你支付了……"

"14.95 美元,包括防化服。是真的便宜货。"

森迪的下颚掉下来了。"14 美元?所有这些?"

"我是唯一的竞购者。清单只是写着'净室'。可能人们认为,那对于装修听起来是够高的。"

"只是 14 美元?不是 1400 万美元?"

"那就是为什么我们不希望消息泄露出去,"律师说,"我们的购物清单上有其他物品,并且如果媒体拿到这个清单,它可能会使一些官僚很尴尬,并导致不良后果。我们可以这样认为，这是对我们不利的定价。"

"不管怎样，它几乎是 15 美元。不过，"迪米椎仍很恼怒地说，"运过来倒是真的很不容易。"

知识产权尽职调查清单

如果没有义务的清单，知识产权尽职调查的讨论就将不完整。所以拿去做吧。但不要只是把清单拿来后每找出一条就划去一条，像是在做一个项目。那将会背叛尼采及其关于计划的劝告。相反，应该广泛地对公司进行考虑，并且逐渐收窄你的焦点。在执行商业计划的过程中，知识产权将扮演什么角色呢？哪一个对公司更重要呢？是强大进攻性知识产权维权的地位，还是操作性自由？（不要说"两者"，从来不可能在同等程度上选择两者。权重取决于公司的创新性质、公司与市场的关系，以及公司竞争对手的规模和实力。）

这个过程首先做出个概要。关于具体任务，尽你可能地填写。然后用此清单作为你的调色板去完成填写，并确保没有遗漏什么。

请对偏差做好准备。森迪有过偏执的奥德赛式经历，尽管尽职调查通常不会这样，尽职调查过程可能经历意外的转弯而需要探究。最好在这个投资交易发生之前甚至双方都同意之前，带着寻找解决方案的眼光着手处理此问题：未支付的费用可以支付，未完成的转让进行转让并登记在案，遗漏的参考文献可以被引用，并且麻烦的开源部分可以被自己开发的软件替代。

第一要事

（1）获取并且评估商业计划。

（2）识别关键的技术动力及其与竞争的区别。

（3）识别主要竞争对手。

（4）决定是否出售产品——这些产品是否已被公开披露或被使用，请确定日期。

（5）评估公司的知识产权战略：专利 VS 版权 VS 商业秘密，以及外国保护计划。

（6）评估公司的识别、评估并保护发明的知识产权规则制度。

（7）对知识产权相关的公司或提及公司的第三方档案，进行 SEC 搜索。

知识产权资产

专利

（1）获取所有的专利和世界范围内专利申请的状态清单。

（2）用电子搜索查证准确性。

（3）决定是否保留外国权利。

（4）评估专利、专利申请，分析专利权利要求；对于重要专利，评估其审查档案历史。

· 专利权利要求覆盖公司的产品吗？

· 专利权利要求推进商业计划吗？

· 有何弱点？它们能被设计规避吗？

· 可能的专利权利要求覆盖范围能被预测吗？审查战略是否合理？

（5）确定是否有申请被卷入异议或重新审查之中。

（6）查证所有维护费、年金是否都已经支付。

（7）如果缴纳小实体费用，保证其符合资格①。

（8）可专利性研究。

· 评估公司得到的可专利性的检索意见；

· 考虑就关键特征进行可专利性的搜索。

版权

（1）识别可版权的主体事项，特别是软件，并且决定它是否应被注册②。

（2）获取版权注册清单，并且评估它们。

（3）用版权局记录的电子搜索查证清单的准确性。

（4）决定文献、说明书材料和给客户的软件是否有版权声明。

商业秘密

（1）决定公司是否依赖于商业秘密，如果是：

· 决定商业秘密是什么，并且它们是否更适合被专利保护；

· 决定公司有什么规则制度去提防盗窃（场地安全、进入限制、文件和计算机安全）；

· 评估雇员离职程序。

---

① 美国 PTO 给予满足"小实体"条件的个体投资者和公司在官方费率上的折扣。但是要由申请人去保证，每次付费时，其都是符合小实体身份的。在一些情况下，不适当地交纳折扣的费用，可能导致相关专利无效。

② 注册在美国很重要，但在其他地方几乎不必要甚至不可能。请参考第 1 章。

（2）根据适当保密条款，评估雇佣与咨询协议。

（3）评估非竞争协议的可执行性。

（4）评估公司曾与第三方为了重要的合作或关系而使用的保密协议，并且确保它们实际上已被签署。

（5）调查公司是否曾因其他人的商业秘密而被起诉，或曾起诉了其他人。

商标

（1）获取所有商标注册和世界范围的注册申请书的状态清单。

（2）获取、评估公司进行的商标搜索结果和涉及商标搜索的律师意见。

（3）保证所有到期的注册商标都已经被续展，并且所有必要的文档都已经被提交以使注册持续有效。

（4）决定是否使用"®"符号，如果是，那要确认标志是否已被注册。

（5）决定针对注册申请书是否有过异议或撤销诉讼的第三方请求。

（6）查证在文献中、在包装上商标是否使用得当。

（7）调查对阻止标志变为非商标性的监控工作。

（8）调查任何域名争议。

知识产权所有权

（1）进行所有权搜索，以确认所有专利和专利申请、商标注册和注册申请书、已注册版权的所有权。

（2）调查主要发明者的过去雇佣关系和最近的学术归属。

（3）了解开发团队的核心成员是否仍被公司雇佣。

（4）对于版权，应做出决定是否注册。

· 对雇员，雇佣协议是否覆盖版权；

· 对咨询顾问，咨询协议是否不仅仅把作品描述为"雇佣成果"，而且明确要求版权转让。

（5）对于专利，决定雇员和咨询顾问是否具有合同性义务去就发明的情况通知公司，去转让发明，并且提供任何获取专利权利所需的进一步支持。

专利障碍

输出许可

（1）输出许可权利将干扰公司的未来吗？比如是否存在危险的排他性，或过广范围的许可？

（2）许可限制可转让性了吗？

（3）被许可人违反许可条款了吗？输出许可是盈利的吗？

（4）许可回授被保留了吗？

（5）被许可人已经宣布破产了吗？

（6）商标许可对质量控制有充分规定吗？

政府权利

（1）所有权利保留的选择已经被适当地并且及时地向政府声明了吗？

（2）政府合同已经被完全遵守了吗？

担保权

知识产权中的担保权，进行 UCC 搜索①。

其他协议

针对潜在有害的条款（排他权、知识产权回授权），评估任何牵涉知识产权权利的其他协议。例如：

（1）共同开发或合作协议。

（2）销售协议。

（3）材料转移协议。

（4）保密协议。

知识产权责任和第三方权利

（1）识别所有由公司发起或针对公司的知识产权相关诉讼，以及所收到的来自第三方的所有与知识产权有关的威胁（口头或书面）。

· 进行电子诉讼摘要搜索；

· 评估司法意见和法庭的禁令；

· 评估和解协议。

（2）识别所有从第三方收到的知识产权许可的条件。

（3）识别并且分析所有引进许可。

· 被授予的权利（被许可的产品或过程、使用领域、地域、持续时间）是否足够广泛？

· 未经许可人同意，许可权利可转让吗？

· 有麻烦的回授权吗？

· 许可人曾宣布过破产吗？

---

① UCC 检索可以查到是否所有人以知识产权做质押借贷。——译者注

（5）如可能,评估所有涉及侵犯第三方知识产权权利或第三方对其他公司对其所拥有知识产权的侵权的法律意见。

如果不能评估,至少要了解并评估意见书中采用的推理。

（6）对于竞争性专利,考虑"操作性自由"搜索。

评估任何被公司或为公司而进行的"操作性自由"搜索,并且,如果不能获得评估意见,至少获取被考虑的参考文献。

（7）估测核心创新者的雇佣历史,评估他们现有的雇佣协议。有无潜在的第三方关于滥用权利的索赔的任何基础。

（8）开源问题。

· 识别在公司运作及其产品中的开源部分。

· 所有开源许可义务都被遵守了吗?

（9）行业标准问题

· 公司使用任何行业标准吗?

· 如果是的,有任何现成的标准许可协议吗?

· 如果公司曾对行业标准有贡献,它遵守了标准化组织的知识产权规则了吗?

第 7 章
许可与相关交易

　　许可是知识产权的橡胶轮胎接触商业化地面的载体,而进行驾驶的则是其他人的事。允许其他人甚至竞争对手使用来之不易的自主权利,在现在这一代人之前,看起来似乎是荒谬的,但今天这种做法是司空见惯的并且是知识产权驱动获得收入的重要手段。无疑,许可不是知识产权实现价值的唯一方法,很多专利藏在保险箱里也茁壮成长——这些专利一方面针对掠夺技术的盗贼保护所在领域,而另一方面增加(有时基本上构成)公司的资产价值。但是,一旦公司或机构发现:在其自身能力之外把技术货币化是有吸引力的,许可就会变得不可避免。

　　许可基本上是一个不诉讼的承诺。你被给予允许去侵犯其他人的知识产权,而不用害怕法律制裁。音乐会门票也是许可——是被许可进入剧院听音乐并保证不会被人扔出来,除非你特别招人烦(即违反许可中规定的条款)。但是,不像音乐会门票,知识产权许可是个人的。音乐会发起人不在意你是否把门票给了其他人。但是知识产权所有者不希望有价值的权利落入不当之人手中,例如,落入其竞争对手手中,或干脆落入没能力有效利用知识产权(为了其所有者最终的好处)的人手中。大多数许可的安排都体现了,一种在被许可人对足够权利的需要和支持其产品引入市场风险的奖励,以及许可人对其创新的占用或失控的厌恶之间的平衡。

基础常识

　　所有者有广泛的自由度去以他们认为合适的方式分割知识产权火鸡——指示什么时候、哪里以及怎样的程度,而被许可人可以自由地利用其接收到的权利。排他性许可对被许可人而非其他任何人进行授权;甚至许可人也不能利用该已经被授予的权利。如果许可人希望保留制作技术和出售技术的特权,并且在市场上与被许可人竞争,许可人可以授予单独或多个非排他性许可,而不是排他性许可[①]。因为排他性许可需要放弃各种对被许可人的控制权,它有可能被当作完全的所有权转让(为税收和其他目的)。排他性许可人担心把其自主权利委托给伪饰为王子的青蛙(其可能破坏自主权利的利用,或完全忘记这些权利),通常坚持要求各种业绩度量和权利终止条款。

非排他性许可,相比而言,可以在相同或不同条件下被授予给无数接受者。非排他性许可可能看起来很容易被授予,因为它不排除其他此种许可,但是它确实排除授予排他性权利给任何人的可能性。非排他性许可使许可人致力于一对多,而不是一对一的战略,如果许可人变主意了(或错误地相信,非排他性许可已经过期了)并且企图尽管有早期承诺但是仍授予排他性许可,排他性被许可人就倒霉了——即使排他性被许可人不了解之前的许可,这是因为许可人不可以授予多于其所有的东西;许可通常是保密的,所以任何预期的被许可人都必须自己弄清楚:其正在接收的是否是其想以低廉的价格买到的东西。

许可可能是带有特许权使用费的,有时是已经结算付清的。例如,软件出版商给他们的客户授予付清的非排他性许可,这是因为在购买软件时他们就已经事实上付清了。但是为了付清许可,有时不需要转手金钱。交叉许可允许两个专利所有者互相利用对方的专利,并且常常不需要任何形式的平衡性支付。例如,诉讼和解,常常包括交叉许可。付清的许可常常是不可撤销的,不管被许可人做什么,许可永远是她的。

回授也可能以付清许可的形式被表达——或是排他性的或是非排他性的。回授向许可人提供,被许可人针对被许可的技术进行改进或修正的权利。那对于许可人,可能看起来是贪婪的,但是事实上,回授有很长的传统并且反映了许可人对被排除在自己技术之外的合情合理的厌恶。如果被许可人发现了一种方法以使被许可的主体更快、更好或更便宜,它这样做只是因为许可人曾首先给予被许可人使用的权利;如果没有回授,很多许可将永远不会被签署,因为被从旁边跳过超越的恐惧太大了。

回授条款,在关于许可人与被许可人的排他性方面,可能是不相同的:许可人可能寻求排他性回授,并且被许可人不允许其他人使用其改进,而被许可人可能寻求阻止许可人把回授再许可给其他人的限制。美国法律宽容非排他性与(在少一点程度上)排他性回授,以及完全的改进转让,只要后果不是反竞争的。而我们将很快看到,其他国家在非排他性的各种类别之间划界限。

---

① 这是美国术语,(意思是独占,甚至不包括回授给许可人。和实际拥有权没有什么区别)。在其他国家,"排他性"许可可能相当于美国人称作单独的许可(即除许可人之外只有一家被许可人)。

权利可能是世界范围的或限于确定的领域,具有不确定("永恒的")的期限或限于固定期限。就像在第三章解释的,领域限制允许许可人去让不同公司对其技术实现不同的应用,并且那些应用可以是分割的——根据行业、根据市场、根据客户身份或类型、根据所销售的设备类型或设备的使用(治疗 *VS* 诊断、医学 *VS* 兽医),以任何具有商业意义的方式,只要许可人能发现愿意共存的被许可人。

因为许可是个人的,如果没有许可人的同意,许可不能被分许可——分许可允许被许可人把被授予的权利分配给其他人(或替代被许可人本身,或在被许可人本身之外)。

基本术语

上述对许可术语的解释详细说明了被许可的权利的性质和期限、被许可人将怎样进行支付许可费用,以及每一方能从运行不好的交易中解脱的条件;排他性许可极大地专注于上述中后者的问题,并且也详细说明了被许可人必须做出的把技术市场化的努力,在起草全面协议之前,应该通过条款清单获取对这些基础性内容的理解。

建立于此基础上的复杂性层次反映了应急与意外的计划、排除非常规业务(比如套利)的需要和每一方都信守承诺的相互保证。

案例学习5 让我们关注一下 RSS 公司——他们,你可能从第 3 章回忆出来,已经决定把他们的测序技术许可给了大型生物技术制造商。他们已经与"基因机器"公司达成了交易。他们将需要的什么样的基本条件呢?怎样才能激励每一方呢? 然后他们可能进行怎样的谈判呢?

权利授予定义了许可的特征、范围、期限和领域。典型的权利授予,允许被许可人以其选择的方式,商业性地利用所有落入许可范围之内的技术。在此,公式化的表述并不复杂,许可人自由地在不同接收者中划分那些权利,或把一些权利保留给自己。例如,制造型许可可以仅提供制造的权利,而销售许可只允许销售已经制造出来的产品。一份普通的非排他性许可授予书可能采用如下形式①。

RSS 在此向"基因机器"公司授予非排他性许可条款(且不允许"基因机器"转授许可):在专利权利下在相关地域或领域制造、已经制造、使用、销售、许

---

① 许可协议会精准定义下划线的词语。

诺销售、出租并进口①被许可的产品，与在相关地域相关领域实现被许可的生产过程。

首先，让我们解释一下此术语。协议条款可能从固定的年数延续到最后的相关专利到期的节点，但是当然如果任一方愿意并且协议允许退出，协议可以早一点结束。魔咒般的语言——"制造、已经制造、使用、销售、许诺销售、出租并进口"，意图是覆盖所有的许可可能商业化地利用专利权利的方式。缺少其中任一词语，则可能限制"基因机器"公司的行动自由。

但是，基因机器公司将可能坚持要求一个提供全球权利的排他性授予；否则，这个项目对他没有什么吸引力。典型的非排他性权利是通行费：任何希望进入此业务的人，必须放入合适的零钱以继续前行，并且才有可能去与所有其他支付通行费的人竞争。例如，IBM 经营一个非常有利可图的收费站。对比而言，进入排他性许可，更像是租用了整个高速收费公司。为了证明其开发、然后营销一个新产品的费用和风险是适当的，特别是一个复杂的、将无疑涉及很多开发要求和复杂生产要求的新产品，基因机器公司希望把所有其他人挡在外面。如果没有全球权利，可进入的市场规模可能不值得这么忙活。一个适当的排他性授予可能采用如下形式。

> 受制于此协议的条款和条件，RSS 在此向"基因机器"公司授予一个排他性、不可转让的（除了在此协议中另外明确规定的）全球权利，并且具有分许可的权利。在此专利权利下，在相关领域制造、已经制造、使用、销售、许诺销售、出租并进口被许可的产品，并且在相关期间实现被许可的生产过程，除非此协议根据规定提早终止。

如果此许可是排他性的，RSS 将坚持要求不可转让性。大多数许可至少包含一些对转让的限制，排他性许可一般而言完全禁止转让。在搞清楚基因机器在知识产权财富方面是可以被信任的之后，RSS 不允许基因机器指定其继承者。确实，很多排他性许可包含"控制权改变"的规定，该规定在兼并、资产销售，或其他根本改变被许可人商业身份的公司活动发生的情况下，取消许可。另一方面，基因机器将可能坚持要求一些分许可的权利。一个像基因机器一样的排他性被许可人，因为被期望去竭尽全力地利用被许可的知识产权，或许也支付了高昂的先期费用，将对任何限制它做生意的条款进行抵制。那 RSS 应该是可以接受这个的。尽管分许可带来了其他人，但他们是从属的玩家，并且最终把技术成功商业化的义务属于基因机器。相反，RSS 必须提防的是套利，而

---

① 在中国，产品专利权的许可涉及：制造、使用、销售、许诺销售和进口其专利产品。方法专利权的许可涉及：使用其专利方法，以及使用、销售、许诺销售和进口依照该方法制造的专利产品。——译者注

这把我们带入下面议题。

特许权使用费。如果说相关经济考虑是需要探究的,那么确定互相可接受的特许权使用费费率可能是很困难的;以后将更多讨论此内容。现在,探讨如何去定义特许权使用费。通常特许权使用费是基于"净"销售的,即特许权使用费费率是实际被许可人的收入减去几个相对标准的项目(例如,税收、运输、退货和某些折扣)。

对于涉及巨大的制造和装备加工成本的产品,特许权使用费一般在1%～5%范围之内。但是,就像所有合同性事情一样,创造性起控制作用,特许权使用费费率不能被简单固定。例如,特许权使用费费率可能因产品、领域或地域而不同,以反映不断变化的成本和风险,费率可能是分层的,较小的百分比例适用于渐进增高的销售水平,因此能够给基因机器提供更大的营销刺激。就同一产品的销售,如果基因机器必须不仅仅向 RSS 而且还需要向其他专利所有者支付特许权使用费,那么将出现特许权使用费的"堆积"。许可协议,通常包括一个在堆积情况下降低特许权使用费费率的机制,以反映许可人尚未交付全套的必要权利的事实。

分许可的特许权使用费费率可能比较棘手,极端情况是便宜的套利游戏:比如,被许可人以1%的特许权使用费费率,把许可分给某附属企业,然后该附属企业进行所有销售;如果主要许可的特许权使用费费率是5%,许可人只获得0.05%的销售收入,而被许可人的公司保留剩余部分。这种小诡计很容易被击败——完全忽略分许可关系,并基于与非附属实体的第一次公平销售确定特许权使用费,而不管其是否涉及分许可,但是合法的分许可交易是怎样的呢?例如,假设基因机器把欧洲制造和销售分许可给英国 Tippleshire 的 Quaffing 自动公司①。被许可人基本上只担任经纪人,并且把许可的特许权使用费费率适用于基因机器从 Quaffing 的努力中被动获得的收入,被许可人根本不用自己花费,由于这种特许权使用费费率假设了被许可人的制造和营销努力,因此是不公平的,然而,分许可关系代表的不仅仅是套利;基因机器确实因为发现并支持Quaffing,从而打开了欧洲市场,并且也可能继续提供支持,那么,进行一些程度的共享(例如,RSS 与基因机器可以简单平分分许可收入)是理所应当的。

许可可能包括补充或减少特许权使用费的其他费用。很多许可人,为了达成交易的特权而期待一份先期报酬,这个报酬常常用于报销许可人的专利费用,特别是在大学的"衍生"公司中:精力充沛的企业人员(通常是应届毕业生)

---

① 我们将不会研究它,但请注意涉及分享技术数据的国际许可安排可能要求出口许可。

试图把大学所有的专利商业化，许可也可能在重要活动（例如，重大融资完成、管理批准和第一次商业性销售）完成后提供"阶段性"报酬。大学许可人也可能获得被许可人的股权利益，以更直接地参与技术的潜在上升空间并且保证长期的利益增长；作为回报，大学许可人可能同意降低先期或特许权使用费的成本。这种安排在古比鱼（注：一种大肚子小鱼）一样的 RSS 和它已经钓到的鲸鱼之间是不太可能的，但它有时也会发生。

被许可人的努力。作为对愿意把其测序技术交给基因机器的交换，RSS 将既在努力方面又在结果方面期待一些保证。首先，为了避免看到其知识产权权利被填充并被装裱起来，RSS 将要求基因机器通过积极努力①去开发并且引进商业产品。作为一个排他性的许可人，RSS 将设置最低的特许权使用费。这费用与特许权使用费费率无关，只是 RSS 能够接受的年收入底线，直到基因机器创造和引进产品所需的足够时间已经过去，最低特许权使用费才失效，然后使用费通常随时间而逐步上升（因为销售将被期望逐步上升）。

比最低特许权使用费更宽容的、更温和的选择是销售目标。该目标与其说建立了最低许可收入，倒不如说是就成功的标准进行了事先界定。就其本身而言，如果目标没有实现，基因机器将可能丧失排他性权利，但不是许可本身。

声明与保证。这些声明与保证是一方提供给另一方的事实性保证的陈述。自许可被签署之日起，这些陈述必须是真实的，但是在许可签署之后，原来的预测就不算数了（除非许可规定，相关预测延续至将来）。此外，除了明确进行免责声明之外，还有一些保证是隐含的。对于商品销售，隐含的保证是很规范的，但是对于许可，隐含保证的描述则远远不那么规范。出于对最差情况的恐惧，大多数许可人都会制定包含明确的免责条款。

RSS 刚开始可能会拒绝来自任一方的声明或保证，但几乎不能抵制一套简单的对称性保证，该对称性保证确认，每一方都有进入许可的正当权利。基因机器可能坚持要求更多，例如，一个被许可技术的实践将不会侵犯任何其他人知识产权权利的保证。而那就是温度开始上升的时刻。这种保证将给予基因机器：退出许可的权利、其向 RSS 支付金额的退款要求，以及向 RSS 索取其全部金融风险的责任，如果陈述申明被证明是错误的。RSS 将以不了解其他人的权利为借口进行辩护，基因机器将回应 RSS 处于调查和了解那些权利的最佳地位，诸如此类的借口会不断出现，不管怎样，双方跳着这种踢踏舞，最终相对讨价还价的能力将决定其利益。

---

① RSS 将要求"最大努力"，而基因机器将拒绝，因为那个构想可能需要非凡的努力。各方可能就"商业可行性"努力进行妥协。

赔偿。实际上,对于 RSS 而言,情况可能比非侵权陈述申明更差。基因机器可能要求赔偿;即由 RSS 承担针对基因机器的知识产权诉讼的防卫。那种前景无疑使 RSS 害怕,他将竭尽全力进行抵制。如果 RSS 决定让步,他将至少限制如下方面义务:时间(赔偿义务只在一定时间内有效)、金融风险(如把赔偿义务的最高额限定于基因机器在许可之下实际收到的金额)和控制①。例如,对于索赔和因索赔而发生诉讼,RSS 可能要求被立即通知,而这将使 RSS 能够对诉讼成本和战略进行监督。

尽管赔偿将会激起反射性惊慌,但它们有时可能会因风险限制而对赔偿人有利。一个一揽子的非侵权陈述申明,在某些环境下可能使 RSS 遭受负担:基因机器从知识产权侵权中遭受的金钱损害,那常常是大数字。相比而言,赔偿可以限定 RSS 货币义务的上限。

其他诉讼。如果有人侵犯了 RSS 许可给基因机器的专利,怎么办呢?追捕专利侵权者的责任,一般落在排他性被许可人的身上,因为被许可人从市场竞争中失去的最多,但知识产权仍属于 RSS;如果基因机器没有阻止侵权或没有发起诉讼,RSS 将保留这样做的权利。RSS 和基因机器必须考虑互相通知的细节、和解条款,并且决定怎样分配战争的战利品。

所有其他的。许可包含很多其他条款:终止、报告和簿记的要求、审计、专利审查和维护的责任,以及保密性等。这些基本上属于技术性问题,很少引起较大争议。

约束特许权使用费

理解许可的经济意义,对于建立公平的特许权使用费,是很关键的。一方可能对另一方的侧重点或解释进行争辩,但是他们应该至少具有同一基础性假设。不幸的是,此问题很复杂,很多人因此停留在探索行业平均或经验法则上。但是"惯常的"行业特许权使用费概念与其说是现实,不如说是神话,并且即便一个"惯常性"费用可以被认同,它也不会在特定环境下与经济可行的情况保持一致。采用一个基本主观的费用数字,可能在经过一定时间后青睐一方而激怒另一方。

那么,一个关于特许权使用费谈判的重要内容,是对这些抄近路的方法及其弱点背后的前提进行了解。最通常的经验法则——被称为 Goldscheider 的法

---

① 如果基因机器本可以以不侵犯其他人权利的方式实施 RSS 的技术,却并没有这样做,则 RSS 也可以宣布不承担责任。

134

则(以创始它的经济损害赔偿专家命名)认为,在不存在特别情况的环境下,特许权使用费应该向许可人提供被许可人的、来自销售的税前利润的25%。此法则承认,特许权使用费最终把卖方的利润进行按比例分配,并且由于卖方必须承担制造的成本和商品化的风险,通常应该获得比许可人更大的份额。对于税前利润为15% ~25%的产品,Goldscheider 的经验法则所产生的目前特许权使用费费率为3.75% ~6.25%。

这个抄近路的方法以及基于可比交易或行业规范的方法的问题是:一般趋势不能处理具体环境的经济现实,即专利和因专利而可能衍生的"特别"利润所赋予的市场优势。来看一个消费产品的专利。该专利允许其所有者排除其产品的完美复制品,以及一定范围的替代选择。如果可接受的、具有价格竞争力的、非侵权替代品存在,那么专利的价值——即归因于该专利的特别利润是零。但是,如果被专利的产品在市场上是更好的,那么特别利润是市场愿意在替代产品的价格之上支付的溢价。许可的各方应该为之争吵的,是特别利润,而不是卖方的实际利润。并不是说,此两者的数量永远不能一致;如果市场上真的没有替代品,卖方实际利润的每一分钱都是特别利润。

对于一个方法专利,该专利覆盖一个产品生产过程,而不是最终被售出的物品,在这种情况下,特别利润对应的是,相对于使用常规或未被专利的生产过程,制造商因使用被专利的生产过程而获得的增加的利润。

专利获得特别利润的条件可能是难以满足的,特别是当产品还没有进入市场的时候。但是,对于大多数商品,生产成本可以被很复杂地进行建模,并且可能的销售价格可以从现有的市场行为中被估计。这些数字可能帮助估测实际和特别的利润。既然我们已经了解了各方应该争吵的是什么,那么各方应该怎样分配利润呢?利润分配的相关因素包括:卖方承担风险的程度、卖方品牌在驱动销售中的相关性、制造所要求的资本投资和卖方使之产生效力的独特专业知识。除非被许可人相对于资本的成本并就其承担的投资和风险赢得公平回报,不然它将不会采取该技术。许可人,就其本身而言,将不会把专利进行许可,除非许可人可以保留足够的利润以证明其投资是适当的并且在排除替代品时反映专利的实力①。在汽车行业中,专利的特许权使用费通常可能较低,因为个体特征不会很强烈地影响采购决定。换句话说,客户也许不会因为某个特别特征为一辆汽车而支付很多额外费用,所以特别利润是很少量的。相比而言,

---

① 当然,除非专利就是搁在书架上没有被利用,在这种情况下,不管多少钱,只要有收入许可人都会心存感激。但是,很滑稽,只要有那么一个可能感兴趣的被许可人出现,就可以突然地使专利所有者对其专利价值的看法发生膨胀。

一个关于药物的专利,很可能以有限的风险提供有效的市场排他性,并且给现有参与者提供低廉的创业成本。在许可之前,创始人沿着临床路径把药品推动得越远,风险将会越小,而它可能支配的利润份额越大。

涉及申请中专利而不是已授权专利的交易,可能产生进一步的复杂性。专利有永不授权,或以有限的覆盖范围进行授权的可能性,这是另外一种风险因素,但这是一种能被量化的因素(至少在广义上)。现有技术的搜索和分析将示意,专利覆盖可能是可以获得的。市场和技术分析,可以帮助把该专利覆盖与环境联系起来,并且识别可得的和假设的非侵权性选择。

最后,因为一方的损失是另一份的利得,对特许权使用费一定程度的争吵是不可避免的,甚至是健康的。但如果先前存在的偏见使真正的经济驱动力不明确时,情况则不同。例如,许可人倾向于对专利实力过分乐观,而被许可人常常将特许权使用费视为讨厌的税收。女士们、先生们,请把那些偏见放在一边,以一套共同的假设为基础而握手,然后出来谈判吧。

万万不可

全球的许可人有广泛的自由度去以商业上有意义的条款对其知识产权进行利用。但存在利用的极限,其中最重要的是涉及反垄断责任和知识产权滥用。反垄断风险反映了贸易管理者和法庭在竞争对手中维持公平竞争的愿望。以前,很多法庭对于所有专利都不信任,并把专利视为使竞争内在发生倾斜的垄断。今天,法庭和管理者认识到了通过知识产权保护既能回报创新,又能促进竞争,且知识产权本身很少会对市场产生影响的事实。只有当知识产权覆盖了市场希望获得的东西,并且如果没有利用知识产权则不能获得,排除竞争对手的能力才变得有意义。当这个情况发生时,所有者可能试图将他们的市场力量延伸至其知识产权权利提供的有限排他性之外。那就是反垄断法开始起作用的时候。

在美国,两个联邦机构——司法部(DOJ)和联邦贸易委员会(FTC),在国家层面上执行反垄断法,调查滥用并把违法者带上法庭,征收罚款。这两个机构的主要关注点是涉及限制竞争的协议或共谋、具有反竞争效果的兼并或收购、以及主导性市场地位的滥用。联邦机构通常烹炒大鱼:微软们、IBM 们和 AT&T 们。其他小公司很少担心联邦机构,而更多的是担心竞争对手,因为竞争对手可以提起私人诉讼,声称反垄断违法行为并且要求巨额索赔。当以违反知识产权权利被提起诉讼,被告可能以反垄断反诉进行回应。

尽管法律与优先级别不同,相关方案在欧洲和日本是相似的。欧洲委员会

（EC）在罗马条约基础上执行竞争法，并且强烈地专注于防止在欧洲国家设立贸易壁垒。但是，EC 有效地在个体欧洲国家（其具有它们自己的地方议程）与竞争机构分享权威。私人公司可能基于当地法律提起诉讼，或在某些国家基于 EC 强制措施（就像美国的企业有自由地启动 DOJ 或 FTC 的程序和诉讼）征收损害赔偿。日本的法律一般更接近欧洲（法律）而不是美国（法律），但更侧重协议各方之间的义务相互性。如果协议条款被单方面施加，可能被视为不公平，而如果该条款适用于双方，则可能是可接受的。

尽管少有公司会感觉到来自庞大强制性机构的直接刺痛，涉及知识产权领域的强烈不安，促使美国的 DOJ 和 FTC，以及欧洲的 EC 去发布反垄断强制性指南①。这些指南缺少法律的效力，但是作为机构政策的陈述，具有非常大的影响力。待在这些指南的安全港条款之内，使公司保持安全且不遭受联邦机构的强制性措施，并且当法庭宣判私人诉讼时，法庭是严肃对待这些指南的。

与反垄断责任相关但又不同的一个概念是专利滥用，而一些法庭也已经把专利滥用延伸至版权范畴。尽管滥用和反垄断风险常常密切相关，但是也可能只出现其中之一，例如，一个缺少充分市场力量去激起反垄断法的专利所有者可能仍然做出专利滥用的错事。在私人诉讼中，一个滥用的发现可能剥夺专利所有者针对世界上任何人进行知识产权维权的能力，而反垄断责任只影响诉讼中的各方。

创造性的竞争对手可能有很多途径引起反垄断的麻烦，但如下侵犯最常见。

（1）内向型搭售。假设 RSS 在测序机器领域有专利，但是尽管尽了全力，RSS 仍不能保护该机器使用的化学试剂，太糟糕了，因为化学试剂的"培养基"是可消耗的，因此存在可观的潜在利益。RSS 无所畏惧，并且考虑以采购者保证从 RSS 购买所有试剂为销售机器的（或要求基因机器以之为）条件，那是万万不可的——既因为反垄断又作为专利滥用，并且 RSS 具有的市场力量越多，万万不可的程度越大。你不能通过在某一领域使用市场力量作为杠杆进入另一领域，而进行不正当竞争；那将给予你在另一领域针对竞争对手具有不公平优势，同时对消费者也是一种伤害。法律要求企业应具有正当的竞争行为。

现在，假设 RSS 既在机器领域又在试剂领域具有专利。那么，它可能以从 RSS 购买化学试剂"培养基"的承诺为采购机器的条件吗？可能可以。"培养基"专利针对被覆盖试剂给予 RSS 市场排他性，所以这并不意味着采购限制的

---

① 在美国，这些是 1995 年对知识产权进行许可的反垄断指引，并且在欧洲它们是"技术转让阻碍豁免法"。

作用大于 RSS 可以利用其专利的程度。但是如果非侵权性替代品试剂也能与机器有效配合,怎么办呢? 在那种情况下,RSS 必须论证该限制(而不是赚钱的愿望)的良好商业理由。例如,如果被专利的"培养基"能使 RSS 机器工作得更好或更可靠,RSS 可能能够证明其限制是适当的,或至少在未经授权的试剂被使用时对机器的保修进行免责。

(2)外向型搭售。知识产权所有者据说曾以被许可人同意不与知识产权所有者以任何方式发生竞争为进行许可的条件。这再一次代表知识产权权利无根据的延伸——使用知识产权权利去限制没有被知识产权权利本身所覆盖的活动。这种实践在软件领域最为常见。特别是如果软件是未获专利的,其开发商因意识到了版权不延伸至购买者而感到害怕:客户将了解到程序是怎样工作的、创造自己的程序、并且变为竞争对手。太糟糕了,开发商困在他选择的保护机制的极限之中了,并且正在试图通过施加附加的合同性限制(其可能被作为版权滥用而失去效力)而逃离那些极限。

(3)拒绝许可。在美国,知识产权所有者一般没有义务与任何他不想打交道的人打交道,甚至垄断者都可以拒绝把专利进行许可,但是,如果拒绝只是一种延伸市场力量至知识产权范围之外领域的策略,所有者可能面临反垄断风险。此外,一个叫作"基本设施规则"对抗性反垄断原则曾被提出,该规则要求"基本"设施(一个阻碍性专利或一个广泛使用的自主平台,如微软 Windows)的所有者把设施与竞争对手共享。该规则这些年来已经枯萎,现在在美国已经几乎不存在被执行的可能。相比而言,欧洲和日本更倾向于适用该规则并且执行强制性许可。中国更倾向于欧洲和日本的做法。

(4)特许权使用费。针对特许权使用费的安排,有两个"极好的"陷入麻烦的方式,一个是在被许可的专利过期之后,仍试图提取特许权使用费。在美国,那是专利滥用(尽管可能不是反垄断违法行为),即使该安排可能在经济上可行。例如在许可的早期,当市场进入的成本和风险为最高时,为了减缓被许可人的年度负担,提供低或零特许权使用费费率,而在专利过期后,提供更高的费率。没关系,尽管你在美国不能这样做,但欧洲和日本则很宽容。

另外一个是使用特许权使用费作为执行内向型搭售的方式。例如,通过在特许权使用费基础上,把被许可的知识产权权利以外的产品销售收入包括进来①。

(5)排他性许可。美国反垄断法倾向于把排他性许可视为竞争中立

---

① 但是基于未许可产品的销售收入确定特许权使用费是可以接受的,如果那些销售收入能为估测许可价值提供方便和经济上可行的方式。

的——它只是把市场上的许可人替代为被许可人。只在许可人与被许可人的兼并将减少竞争的情况下,例如如果各方竞争而许可的效果是减少一个竞争对手,反垄断评估才发生。

欧洲和日本也宽容排他性许可,但施加更大的限制,特别是针对某些可能青睐部分欧洲国家贸易(但不是其他国家贸易)的安排。

(6)地域和使用领域的限制。只要许可的各方不是企图瓜分市场的竞争对手,美国法律很少干涉地域或领域的限制,而欧洲法律对涉及欧洲国家(但不是其他国家)之间的贸易平等施加更严格的限制。

(7)回授。日本对排他性回授非常不满,并且在中国和欧洲大多数回授被断然禁止[①]。美国法律不施加一揽子的限制,但是可能阻止那些过分"限制利用改进或完全阻止产生改进"的安排。尽管中国、欧洲和日本法律甚至可能限制这些规定,但非排他性回授很少产生问题,除非许可人有与被许可人共享改进的相互义务。

许可与交易

RSS 的被许可人基因机器公司有了麻烦。单分子测序机器的市场已经冷却,并且竞争很激烈。基因机器已经与"大兄弟"公司(一个在实验设备制造方面有兴趣的国际企业集团)进入了收购谈判。当基因机器问 RSS 它是否会反对把许可转让给大兄弟时,RSS 没有隐藏其情感。首先,它对大兄弟公司在测序市场上的竞争能力没有信心:基因分析只是大兄弟的副业,其主要业务围绕监视和窃听设备;其次,大兄弟看起来在化学试剂方面违反了 RSS 的专利,试剂"培养基"在检测空气传播的生化武器体系中看起来是有用的,并且 RSS 能够肯定一个大兄弟的军队子公司在销售带有侵权性质的测试箱。所以 RSS 不想与大兄弟做生意,他们(大兄弟)可能很快出现在法庭上。

但是,基因机器没有被吓住;它需要救助并且把 RSS 的拒绝交易视为障碍。基因机器在评估其选择。它可能发现什么呢?

由于许可对被许可人是很个人的,乍一看基因机器希望很小,但情况可能更复杂。第一个问题是,"RSS – 基因机器"许可是否禁止转让。让我们假设基因机器在此问题上没有明文规定,并且大兄弟已经提出要购买基本上所有基因机器的资产,包括来自 RSS 的许可。如果许可是非排他性的,法律上在没有

---

① 只有改进与被许可的技术是不可"分离的",欧洲才允许排他性回授。

RSS 的允许下,是不可转让的,否则将产生混乱。例如,被许可人可能与许可人的直接竞争对手进行权利套利,而许可人可能很快对其许可计划或其业务失去控制。但是,如果许可是排他性的(是这里更可能的情况),问题则扑朔迷离。一个像基因机器一样的排他性被许可人,可能已经花费巨额资金去建立围绕许可的业务,这样该许可看起来更像是财产利益,而不是简单的不诉讼承诺。这方面的法律仍没有定论。

相似的原则也适用版权许可,尽管没有合同性限制,排他性(版权)许可的可转让性可能获得更好的支持。对于商标许可转让,法庭倾向于更宽容,这很奇怪,因为商标价值的实质来源于被标记商品的性质和质量。你可能期待法庭尊重商标所有者关于制造商适合性的判断,特别是当商标许可包含严格的质量控制规定时,但是法庭可能认为这种规定,与其说是反映了许可人对其名誉的担忧,不如说是限制被许可人判断和独立能力的约束条件,因而许可人可能需要区别对待不同情况。法庭不能强迫商标许可人去宽容对低级别的制造商的转让,但是商标所有者可能不得不拿出理由说明为什么它的利益会被侵害。

假设,基因机器和大兄弟考虑的不是资产收购,而是兼并到大兄弟公司。听到律师对此复杂问题快乐地搓手的声音了吗?首先,关于兼并作为基本公司事项是否应该像转让一样被处理,这一点法律倾向并不一致。但是当涉及知识产权许可时,法庭更倾向按转让对待,因为对许可人的效果是一样的,尽管许可人是突然与某个新认识的人打交道的,而且这人不是它自主选择的。当许可包含非转让条款时,情况变得进一步复杂。我们知道资产收购毫无疑问地意味着转让。但是这些条款可能没有涉及兼并,倾向于在这种情况下保留许可有效的法庭,也许不会被禁止转让的条款阻止。如果许可人担心兼并,它应该使用更广泛的控制权改变的限制条款——该限制允许许可人在被许可人的大部分资产或有投票资格的股份被转让时,可以终止许可。

此限制条款也涉及股票销售,但与兼并相比,股票销售不太会受到许可人的反对。尽管许可中的禁止转让条款可能涉及兼并,这取决于具体条款的规定和特定法庭的视角,但它将不涉及股票销售,只有控制权改变的限制条款才涵盖股票销售。

假如 RSS 能准确指给基因机器在其许可中的这种限制条款,大兄弟仍可能准备了另一个诡计。在一个正常的"正向"兼并中,基因机器兼并入大兄弟(或大兄弟的子公司)而不再存在。在股票销售中,基因机器变为大兄弟的全资子公司。我们知道,这两种形式的交易都与正当起草的控制权改变的限制条款发生冲突。因此,大兄弟公司试图进行"反向三角兼并"。这个叫作"反向三角兼并"的诡计是什么样的呢？在一个只有律师才能梦想出来的操控中，基因机器没有并入任何人；反而，一个大兄弟的子公司——小大兄弟公司——并入了基因机器，而尘埃落定时，基因机器存续下来并且成为一个大兄弟的全资三角公司。

这是很好的尝试，但是因为基因机器的股票已经转手，就像在股票销售中一样，控制权改变的限制条款被触发。像股票销售一样，反向三角兼并可能避开禁止转让条款，或避开当许可没有明确说明时一贯禁止转让的法律倾向。但它仍是控制权改变。

交易人，请注意，许可多半作为交易不能克服的障碍而出现，除非可以获得转让的许可。这种障碍越早被发现，越可能就合理条件达成一致。若等到一个已被宣传出去的兼并的前夜，那些条款就可能变成敲诈性的，甚至完全消失。

破产中的许可

RSS 成功地阻止了基因机器把其许可转让给大兄弟。现在基因机器已经申请了破产保护，并且破产受托人威胁要"承担"RSS 的许可……然后把它转让给大兄弟。RSS 有什么选择呢？

破产背后的想法是控制损失。公司完蛋了，它不能支付其债务，然后公司各个部分必须被收拾起来。破产的公司从其不能支付的债务中解脱出来，而债权人从所有剩余的资产中获得清偿。在美国，根据破产法第 7 章，那些资产可以在一般清算中被廉价出售，或企业可以在第 11 章之下"重组"并且持续经营。债权人瓜分清算的收入或监管被重组企业的继续经营，并且希望从未来的成功中获利。不管怎样，破产受托人的工作是为了其债权人的利益使债务人资产价值最大化。

受托人可以这样做的一种方式是，把有价值的合同，比如许可，转让给愿意为它们付钱的第三方。很多许可包含了意图阻碍这种可能性的条款，并且允许许可人在被许可人宣布破产的情况下终止合同。在知识产权许可范围之外，这种条款没有效力。破产受托人有权去承担或转让几乎任何涉及持续义务的合同。但这里的有效词语是"几乎"。在美国，如果反补贴法允许许可人拒绝其不想进行的转让，受托人的权利就受到了限制。当然，该法律基于以下原则：知识产权许可在没有允许的情况下，是个人的或不可转让的。事实上，破产法庭不论许可中是否存在不可转让的条款，都去适用反补贴法。这样，在大多数情况下，许可人可以阻止把许可转让给某个新认识的人。换句话说，RSS 将不会被强迫接受大兄弟作为替代性的被许可人。

怎样承担法律责任义务呢？假设基因机器已经放弃了转让 RSS 许可的意图，但是根据第 11 章已经提交了破产重组的申请，并且作为持续经营的实体希望保留该许可。就像 RSS 将强烈反对被大兄弟纠缠一样，RSS 也可能强烈反对许可协议作为一个失败公司的俘虏而留存，并且更愿意自己去选择一个新的被许可人。破产法庭也许会尊重这个决定。但在放弃基因机器之前，RSS 应该再三考虑，因为基因机器可能具有有价值的客户关系，其能够经受住重组，并且拥有其他被许可人需要花费大量时间才能追赶的生产能力。另一方面，其他被许可人可能是供不应求的。不管 RSS 技术的价值优点是怎样的，承担法律责任义务的候选人可能认为，这些价值优点不足以挽救基因机器。

如果情况反转，宣布破产的是 RSS 而不是其被许可人，会怎么样呢？受托人可能剥夺基因机器的许可，并且把它转让给某个它认为将为 RSS 的债权人产生更多收入的人吗？对于商标许可，答案一般是"是的"，但是对于其他知识产权许可，基因机器可能要求许可人保持许可的有效性。总之，通常是这样的。授予基因机器的权利将仍然是可执行的，但要求破产许可人进行维权努力的义务则是不可执行的，例如，侵权保护、培训与发展或维护性义务。被许可人可能保留其基本权利，但可能发现自己支付了高昂的特许权使用费而没有获得相应的回报。

许可和标准

就像在第 4 章中解释的，大多数标准设定组织将允许标准贡献者为了盈利而进行许可，只要贡献者是合理的并是非歧视性的。但是这些要求意味着什么呢？要成为"非歧视性的"，许可必须对所有可能的被许可人是可得的，包括竞争对手。什么情况符合"合理的"则不同。追求特许权使用费的标准贡献者，可能从标准设定组织本身得到很少指引。这种标准设定组织生活在不受欢迎的反垄断执行当局随时可能轻拍其肩膀的恐惧中，因为标准组织中一些行业龙头企业的出现可能给人一种团伙的形象，因此标准组织通常依靠贡献者和市场去整顿许可条款。尽管贡献者偶尔有意愿去考虑被提议许可条款，并且可能给予技术所有者法律保护，但贡献者通常必须熟悉现行的行业许可实践并尽可能地遵从这些实践做法。法庭一般给予专利所有者一些自主权，只要该所有者在辨别和遵守这些条款方面已经进行了一些调查即可。

不幸的是，现行实践是不完美的指示标。依靠市场力量去形成可能的许可条款，已经造成了一种荒蛮西部的气氛——其中的诉求变化极大。比如说，大型的行业参与者共同为无线数据建立了新的分组数据处理协议，并且把该协议贡献给了标准(设定)组织。其中的一个贡献者留意到标准组织发布的知识产权指导方针要求相关知识产权披露,因此承认拥有一个核心专利。该贡献者向标准设定组织承诺,它将在"非歧视性的"条款上以2.5%的特许权使用费费率把专利进行许可。尽管那看起来是非常模糊的,但结果可能是:并不是每个人都支付相同的许可费。非歧视性并不意味着必须统一。

当特许权使用费是固定的时又怎么样呢? 起初的费用可能是,比如第一笔10000个单元的价钱的2.5%,在10000个单元之上,费率可能降低。这样做对较大公司有利,但从专利所有者的角度,这也能够鼓励了标准的更广泛使用。这种类型的数量折扣,如果是一视同仁的,则通常被视为合法的。许可人也可能对许可收取一个初次的、一次性的发行费——该费用大概覆盖行政处理成本,但它常常实际上是这种成本的很多倍。再一次,先期费用的规模可能取决于预期的标准采用者的身份。并且许可人一般没有义务去披露其先期费用的计算方法。

甚至像2.5%这样表面坚定的数字,也可能被证明是不可靠的。公司支付的是实际处理分组数据的插入式接口卡价钱的2.5%吗? 或者,被接口卡插入的大而昂贵的盒子的价钱是相关的底线? 专利所有者常常采用后一种看法,而这导致公司在实施标准方面所支付的巨大差异,这些差异更可能是产品供应的意外,而不是实际附加于产品的价值。标准采用者把其支付的特许权使用费的一部分转嫁给客户,这样如果不同的行业参与者付出不同的许可成本,一些人将获得市场优势。

回授可能也有一些随意性。一些回授覆盖了与被许可技术相关的创新,例如延伸或改进。非排他性的回授是很常见的,通常也被认为是合理的。但是,一些标准贡献者寻求更多,甚至坚持要求免费获得采用者的全部知识产权组合。那可能是很有风险的,因为如果有反竞争性效果,回授是受制于反垄断审查的。在"网络"背景下,其中单一许可人从无数被许可人那里积累回授,索求远多于给予的标准贡献者可能是在寻找麻烦。

对于那些相信自己为实施行业标准而支付了过多(或给予了过多)的公司,极少会从经济学人士那里获得同情。毕竟,如果该行业每个人都这样认为,那么该标准将枯萎或死亡。但是这种观点假设了完美信息,而完美的信息常常是缺乏的。当涉及技术标准时,并且当基本上涉及相关自主权利的存在时,标准设定过程是透明的。但是标准组织不愿触及许可相关问题以及围绕大多数个体许可协议的不透明性,阻碍了理性的决策。

迫于客户的恳求,并且不了解公司的竞争对手是否已经采用了标准或以什么样的条件采用了标准,该公司可能觉得不得不沿着被给予的许可条款而行进,不管该许可条款怎样。跟着做的行业参与者越多,对其他跟随者的网络压力越大。也许有一天,标准组织将开始在形成许可条款时,要求与形成标准本身时一样的透明度:通过同意这种条款或在这种条款下进行合作,或至少要求披露这些条款,而避免冒反垄断的风险。那么,在标准采用逐渐增长的滚雪球效应消减行业基准、并不惜代价地强迫接受标准之前,该行业可以通过经济和技术尺度判断该标准。不幸的是,那一天还没有到来。

大学和研究机构的许可

由于美国的联邦政策开始鼓励把政府资助的科技进行商业化,学术机构已经开始成为科技市场的关键玩家。这些机构不再陷入他们自己的思考并隐居起来,它们曾经鄙视商业牵连的腐蚀但现在以之为乐——它们不仅仅享受着被赞助的研究和科技衍生公司的金融回报,而且吸引了那些曾在私人部门追求事业的第一流教职工。全球的学术机构,在其对知识产权和许可的理解并且在与行业赞助者、科技公司和投资者打交道方面,都已经变得非常复杂。

但是,大学与外部人员之间的谈判可能陷于相关条款的泥潭,而那些条款,对于困惑的行业经理,看起来只是法律上的措辞或是毫无道理的。特许权使用费条款很少引起争议,学术机构通常只要求很少比例的销售收入。相反,在涉及大学视为对其学术使命很关键的要求,而这些要求与一般商业性考虑背道而驰的时候,谈判可能失败。

因此,为了有效地与大学打交道,商业经理和投资者必须熟悉学术。他们必须领会学术性许可项目的目标,并且识别所涉及的参与者。然后,他们必须在此关系形成早期就做出不懈努力去发展一套共同的预期。

找到研究伙伴。企业通常通过教职工的联系方式,例如最近聘用的毕业生与他们之前导师的关系或著名教授的声誉,了解到大学的研究能力。这种关系可能指向很多方面,从要求获得现有的大学专利的许可到详尽的、公司资助的研究项目——该项目只有当相关计划接近完成时才以许可而告终。另一方面,大学衍生公司,倾向于直接利用教职工研究努力的结果,并常常受到来自急于早期投资的专业投资者的鼓励。

但是研究人员不签署交易。大多数大学有技术许可的中央办公室,而该办公室由熟悉权利交易的面向商务的专业人士担任职员。相应地,许可办公室服从大学的中央管理部门——该部门招聘其人员、确定其预算,并且设置一般许可政策。例如,这种政策可能包括特许权使用费费率、给单一公司授予排他性权利的意愿,以及教职工和学生怎样共享商业成果。

但是总体关系必然超越许可办公室,并且不同的大学成员常常有不一致的优先级。教职工可能从大公司赞助者那里寻求资助和设备捐赠,以改进他们的实验室;而中央管理部门可能更有兴趣,通过对初创企业进行许可,以交换未来产品的特许权使用费而推动地方经济以及大学的盈利。当路障出现时,重要的是去确定:曾经是哪个成员竖起的它,然后谁会有力量拆卸它。

大学想要什么。所有研究机构的一个共同目标是,推动知识发展并且提高学术项目的声誉。一般而言,那意味着基础性研究,但解决问题的新方法能使教授成为杰出人物甚至诺贝尔获奖者。教职工成员几乎常常收到因他们工作所产生的大学收入的一份,但利润从来不是高于一切的动机。另一方面,对于公司赞助者,利润是要点。基础性研究是引人入胜的,但公司的投资必须在某个时点赢得回报。在衍生公司的情况下,公司及其投资者需要他们能接受的许可条款与许可费,其中,许可条款应该能够给予初创企业足够长的排他性跑道以取得商业起飞,而许可费则与生产收入的活动相关联,而不是与固定的安排相关联,换句话说,是里程碑式的活动,而不是围绕在公司脖颈上沉重包袱式的磨石。

那么,大学许可最重要的成分是双方明确预期。当技术已经被开发或被专利时,清晰的预期很容易出现,在这种情况下,只要一个简单的许可即可。但是对于包含研究赞助的交易,应该注意以下几点:

(1)应该与项目负责人一起花时间沟通;

(2)应该详细说明目标和时间;

(3)对于面向市场的应用研究(相对于基础研),应估测教职工的兴趣;

(4)应保证对方明确优先级高低;

(5)把工作分阶段,以便于在进一步资金被承诺之前可以中期检查,随着研究推进,这将允许对商业化潜力进行重新评估,并且也可能在设置短期研究目标时给予公司一些杠杆作用。

大学的教育性使命总是在它可以提供的许可条款中占据显著地位。公司研究通常是秘密的事务,而其结果的发布只是为了获取自主权利(如专利)或说服客户去购买。相比而言,大学及其教授和学生必须发表研究成果,他们不能把公司赞助者的利益放在学术性义务之上。但是,他们通常会同意对发表研究成果设置的短期禁令,而在禁令期间公司经理可以评估是否对研究结果进行专利。不过,不用提商业秘密,学术界没有商业秘密。

大学也对它们的公共形象很敏感。大学的权利如果看起来过度长期地被占用,则其声誉会被玷污——因为这等于长期持有其基础性的科技进展,将公众拒之门外而无法接触。所以,它们倾向于抵制授权那些后来开发的改进(其不是由被许可人直接资助的),并且可能坚持要求把许可权利限制于特定的使用领域。

最后,大学彻底地置身于法律批评的范围之外,并坚持要求严格条款(包括赔偿)以缩小学校的责任范围。它们几乎总是对所有保证进行免责,特别是非侵权性的保证。它们的许可办公室,对这些条款进行谈判的自由裁量权是有限的——确实,那些条款可能是由法律规定的。但是通常,大学将把侵权诉讼的控制权让给被许可人。

"外包"科技发展的所谓最近趋势是由公司赞助学术性的研究,而这在数十年之前就已经开始了。尽管历史很长,广泛的文化差距和有分歧的目标仍然存在,但这是好事。独立于市场压力以及追求卓越,是最终吸引产业支持的原因。成功的合伙关系建立在尊重对方不同的优先级,而同时不牺牲双方共有的价值的基础上的。

延展性问题

传统的镇痛药,比如阿司匹林和布洛芬,通过抑制炎症中的两种酶而起作用:COX-1 和 COX-2。事实证明,镇痛剂只需要抑制 COX-2 酶。阻止 COX-1不仅仅是不必要的,而且是有害的,它会导致腹痛和最终的溃疡。1992年,罗彻斯特大学的科研人员开发了一种筛查机制去确定一个候选药物是否可以抑制罪魁祸首的 COX-2 炎症性酶,而不影响有益的 COX-1 酶。这些科研人员自己没有发明任何医药,该筛查机制只是医药公司可以使用的研究工具。我们已经看到了,大学是怎样倾向于着手处理许可的,但在这种情况下他们应该怎样设置价格呢?

从大学的角度,潜在客户的数量很小,但开发该工具的投资巨大。该投资必须以某种方式,通过有限数量销售的收入而获得补偿。但是,对于一个医药公司,该工具只在它能够成功开发出有销路的镇痛剂时,才具有价值。因为没有人能保证生产出这种产品,该工具实质上是彩票。

为了把研究工具的价格更紧密地与它提供的价值关联在一起,工具研发者常常诉之于所谓的"延展性"特许权使用费安排,通过这种安排,买方支付的价格取决于产品因工具的使用而获得的商业化收入(如果有的话)。这允许工具研发者预先索要一个相对小的"彩票"价格,但如果中奖,则参与产品的上升空间。它也适合如下情况:医药公司的犹豫,其更多地是担心产品的最终成本,而不是怀疑工具能使之获胜的能力。通过把特许权使用费与实际销售的产品相关联,医药公司尽可能会把使用费的支付推迟至盈利之后,也有可能谈判出一个合适的特许权使用费费率,这样能够反映预先投资和预先要花费的开发成本。

延展性特许权使用费安排已经吸引了广泛的关注,但大多数关注是负面的,这是由于一种模糊感———一旦卖出产品并收到报偿,卖方的关注即应该终止。工具的卖方持不同看法,并且试图通过创造性的专利审查以及许可的形式得到延展性特许权使用费。不幸的是,卖方的这些战略已经受到冷落。

罗彻斯特大学,在延展性问题获得关注之前,向专利局提交了申请并且就筛查技术以及通过该技术能够获得的尚且未知的产品得到了保护。如果专利局已经对此问题进行了充分的思考,可能本应该因你不能对你还未教授的内容得到权利要求而拒绝涉及未知产品的权利要求。但专利局没有拒绝,所以此问题最终上了法庭,法庭废止了该延展性的权利要求。全球的各国专利局都赞同这种做法,因此延展性专利已经基本消失了。

面临这种敌视性的法律环境,工具研发者把他们的关注点转移至了合同性的方法。很多人利用专利许可的各方所享有的确定许可费的广泛自由度,把特许权使用费置于延展性概念的基础上。现在问题是,法庭是否将允许工具研发者去在谈判桌边获取不能通过专利法规得到的东西。就像以上解释的,专利所有者若就其专利范围之外的主题事项尝试获取特许权使用费,则通常落在专利滥用的概念之内。但,确实就是那些下游产品,才会追溯性地决定研究工具的价值。把工具研发者与因工具使用而获得的利益隔离起来,将忽略那些可能通过这种奖励而产生的促进竞争、传播科技的效果。

很不幸,对延展性特许权使用费的限定性裁决案例不多。美国国立卫生研究院已经批评了这种做法,并且要求其拨款的接受者和承包人完全避免延展性做法,这是想要绕开对下游利润的直接依赖,而在价值产生时进行确认。但即使采用分阶段的支付条款(其把大笔分期付款推迟至每一个里程碑事件发生之后,比如完成临床试验和产品市场引入),最终价格仍与实际的经济增加值①相关联。工具研发者将不可避免地最终获利过多，或更可能的最终获利过少。但愿这种现实将被理解，延展性特许权使用费将最终变为一种可被接受的风险分担形式。

知识产权估值

一个许可的价值是多少？一个专利或一套专利组合的价值是多少？知识产权估值是一种常见的实践：在兼并和收购中、在破产中、在知识产权诉讼中并且在税收中。但是那并不意味着：人们会就怎样进行知识产权估值达成共识，或者甚至认为知识产权估值可以由一个函数去高精度逼近。

表述任务很容易。拥有知识产权的公司是有盈利的。为了给其知识产权进行资产估值，你把归因于知识产权的盈利成分隔离出来，并且用它代表的比例乘以公司的市值。在概念上，此做法类似于设定特许权使用费费率——该费率也以归因于知识产权覆盖的特别利润为重点。但这两者也就这点类似。一些已经被接受的知识产权资产估值方法证明，此过程涉及大量的猜测。知识产权估值的肮脏小秘密是，常常可能在完美的、貌似合理的假设基础上取得几乎任何期望的结果。

原因是，在一些异常的、界定清晰的环境之外，猜测几乎立即开始。大多数估值技术以未来利益的现金流为中心。在基于特定知识产权的许可具有已知期限并且每年产生的收入可预测的情况下，识别那些利益是很容易的。我们可以把收入现金流在资本成本的基础上进行折现，而资本成本可能被微调以考虑到不利诉讼的后果（其摧毁或限制被许可知识产权的优势）。但问题是，真实的情况并非如此。大多数专利不是被许可的，更确切地说，它们被紧紧控制着并且被用于建立市场排他性。就像我们在第 4 章中看到的，尽管对知识产权组合是否提供了商业价值进行质的估测是可能的，但是把该价值量化出来是另一个问题。公司在市场上的地位——甚至排他性的地位，可能来源于其知识产权、其他内容（价格、客户服务、品牌、便利）或一些未知的和未可知的结合。不可能确定哪一个特定比例的收入归因于知识产权，就像不可能识别一勺煎鸡蛋中哪

---

① 有经济头脑的读者可能反对：不管铁锤购买者如何从其使用中产生财富，五金商店对铁锤只收取一个价格，即不管它被用于建造狗窝还是比尔·盖茨的房子，那么为什么研究工具的承办商应该从最终产品中获利？但是，支撑该反对的是如下假设：是用户用此工具的努力，而不是工具本身，决定最终结果的价值。此逻辑经常不适用于研究工具的使用。在大多数情况下，成功的义务将被公平地视为由工具开发商及其使用者共同负担。确实，在某些情况下，工具的使用可能是直接和生硬的，也许甚至不需要技术培训。

148

一部分到底来自于哪一个特定鸡蛋。

知识产权估值对被许可的知识产权应该是非常直接的,但在这里甚至特许权使用费都可能强烈地波动——取决于被覆盖产品的市场接受程度、被许可人的攻击性和做生意能力、知识产权组合的演进性优势、竞争对手规避专利的能力以及他们规避专利的商业激励。我们把产品公司的估值与许可公司的估值进行对比。基于目前的和近期的收入,对产品公司估值可能是合理的,而其理论依据是,随着一些市场日益成熟,公司的创新潜力将被调配去开辟其他市场。产品公司的轨道不太可能会与那些其他行业参与者的轨道差距过大,因为他们都受制于相同的市场力量,所以在某个行业细分之内的过去增长模式可能为相关分析提供合理的信息。

在知识产权的世界里,情况不是这样。专利通常覆盖特定类型的产品,或更广泛地,覆盖某一解决问题的特定方法。如果市场拒绝被专利的方法,专利则一钱不值,从该专利中再也不能提取更多创新。当然,许可公司可能开发其他知识产权,但是为了有价值,任何特定专利必须清除很多在公司直接控制之外的障碍,比如专利局审查、被许可人生产和商业化的能力、第三方挑战。换句话说,许可公司与市场的关系远远比产品公司与市场的关系更薄弱,而这导致其知识产权资产的估值更加有猜测性。

从上述问题角度,让我们考虑一些最常用的知识产权估值技巧以及它们的局限性。

收入方法。基于知识产权资产对企业现金流的影响对其价值进行估计,即通过把归因于知识产权(有别于其他资产)的未来利益进行量化和折现。再一次,这类似于清理前文中做比喻的煎鸡蛋。但是,与其企图使知识产权衍生的收入独立出来,评估者可能去估计知识产权之外的其他资产所产生的收入,然后从总体商业盈利中减去此收入。此"剩余收益"方法把企业划分为营运资本、有形资产和无形资产。资本、有形资产和非知识产权无形资产的净回报,是在流动性与每一个资产类别风险的可接受测度的基础上进行计算的。那就是知识产权之外的其他资产,公司收入的剩余部分被假设来自知识产权。

那么,剩余收入当然来源于某些地方(假设对应知识产权之外的其他资产的数字是相当准确的),但不必然来自知识产权。剩余收入方法仅仅陈述了一个数字,而不是一个解释知识产权怎样产生该数字的机制。流动性和风险测度代表广泛的平均数,而不代表对每种情况都准确的通用常数。例如,对公司有形资产(比如,由于生产率上升没有被反映在标准测度中)收入贡献的低估,则是知识产权相对于其他资产的贡献的高估。更不用说,剩余式的方法不能把单个知识产权的价值独立出来。

其他基于收入的方法企图把与知识产权关联的特别利润进行量化,这些方法也有与上述详述的同样的缺点。例如,"来自特许权使用费的救济"技巧,在知识产权资产所产生的特许权使用费基础上,对知识产权资产进行估值。但是,除非专利被许可了,不然不能识别归因于该专利的收入流。并且,即使该专利被许可了,谁能预测特许权使用费每年的变化情况,或该技术被新进入者超越的情况呢?索尼曾对其 Betamax 录像标准抱有厚望,但是尽管其技术优越且索尼坚决地进行了市场营销,该标准仍输给了 VHS。确实,剩余收入方法的一个优点恰恰是其对知识产权的大体估值。这种"自上而下"的方法甚至不用在公司专利的排他性效果与其商标的品牌效果之间进行区别。该方法至少避免了来自被误导的个体估值的错误结合。而"自下而上"的过程从个体特许权使用费的估计中构造出整体知识产权价值,就遭难于此错误结合的问题。

至于商标,估值中的困难可能更容易被克服的(至少有时是这样的)。"溢价利润"方法考虑商标所有者从品牌产品之中——相对于非品牌产品——赢取了多少额外利润。当然对于消费产品和非处方药品,假设成本相近,识别品牌产品和非品牌产品,估计额外利润是直截了当的。但是即使这样,分析仍有不确定性:定价可能反映品牌之外的与市场份额和销售相关的考虑。

市场方法。请把知识产权资产与最近已经被其他人许可或出售的类似资产进行比较。成功使用此技巧的一个主要障碍是,缺少对这种交易的公共信息,特别是这些交易的关键条款——价格、期限、条件和限制。但是,即便能够获得足够的信息,"类似"知识产权资产的特殊概念仍然是非常有问题的。专利可能在很多不相关的方式中,或在某些环境下相关而其他环境下不相关的方式中是类似的。覆盖 Betamax 标准的专利应该被认为与那些覆盖 VHS 的专利类似或可比吗?这两种技术的专利当然涉及同一技术领域,并且甚至具有类似的应用范围,但是它们的价值远远不同,这是无可非议的。

成本方法。使用创造知识产权的历史成本作为知识产权市场价值的替代,历史成本即获得专利的成本,并且在一些变化中也包括发明的成本。很难想象一个无意义的或误导性的评估形式,如果不考虑其最终价值,专利成本将会落入相对狭窄的范围,并且没有人,甚至最有洞察力的商业老总都不会事先知道该价值将是多少。但是她(商业老总)可以很自信:该价值将与采购成本无关,因为这些采购成本必然不包含在专利所覆盖的市场中。换句话说,专利的价格对其价值不产生影响①。对归因于发明成本的考虑,同样不能进一步阐释知识产权价值。尽管似乎可以假设理性的商业人士以与市场价值一致的步伐进行研究花费,但实际上被历史证明并非如此。

　　一些其他评估知识产权的方法是非常复杂的②,但是奇特的技巧不会减轻那些不可化约的不确定性。除非评估技巧明显的数值精度排除了这些不确定性,否则估值将会是诡辩的或具有欺骗性的。为转移税收目的而使用这种技巧去获取可辩护的知识产权公平市场价值,是一回事;基于仅仅代表猜测的数字做出商业决定,完全是另一回事。

---

　　① 有人会争辩,低价值的专利通常不被提交至国外,并且因为向外国提交申请显著增加采购成本,非常昂贵的(即被广泛地提交的)申请倾向于反映所有者对专利高价值的看法。但即使这样,这种相关关系也只是猜测性的,因为向外国提交专利的决定的做出远早于专利的最终价值可以被现实地估计,即向外国提交申请更多是一种希望,而不是经验。

　　② 例如,使用半神秘数学的期权定价。